普通高等教育
经济、管理类
专业规划教材

U0747888

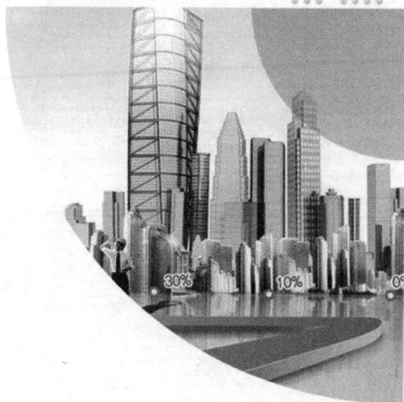

# 国际商务
# 仿真实训教程

GUOJI SHANGWU
FANGZHEN SHIXUN JIAOCHENG

主　编　吴建功

副主编　陈　奇　米家龙

主　审　王涛生

中南大学出版社
www.csupress.com.cn

图书在版编目（CIP）数据

国际商务仿真实训教程／吴建功主编.
—长沙：中南大学出版社，2016.7
ISBN 978 – 7 – 5487 – 2369 – 1

Ⅰ.国… Ⅱ.吴… Ⅲ.国际商务—教材　　Ⅳ.F740

中国版本图书馆 CIP 数据核字（2016）第 161672 号

## 国际商务仿真实训教程

主　编　吴建功

副主编　陈　奇　米家龙

□责任编辑　陈雪萍
□责任印制　易红卫
□出版发行　中南大学出版社
　　　　　　社址：长沙市麓山南路　　　　　邮编：410083
　　　　　　发行科电话：0731 – 88876770　　传真：0731 – 88710482
□印　　装　长沙理工大印刷厂

□开　　本　787×1092　1/16　□印张 10.25　□字数 240 千字
□版　　次　2016 年 8 月第 1 版　□印次　2019 年 7 月第 2 次印刷
□书　　号　ISBN 978 – 7 – 5487 – 2369 – 1
□定　　价　32.00 元

# 前　言

　　21 世纪是一个创新与创造的时代。作为教育战线的工作者，也要顺应"创新与创造"这一时代潮流。那么，如何将"创新与创造"导入教育实践当中就成为一个受到普遍关注的问题。结合十几年甚至几十年的教育工作经验，编者认为实训课程是提高学生创新与创造能力的一条捷径。为此，编者编写了这本《国际商务仿真实训教程》。通过对经贸类专业学生进行"进出口贸易实训"，一方面提高经贸类专业学生运用所学理论知识解决实际问题的能力，一方面提升经贸类专业学生的实际动手能力，成为具有"创新与创造"能力且能胜任经贸类工作岗位的高级人才。

　　本书具有以下特点：

　　1. 按照实际进出口的业务流程来编排本书内容。本书大胆打破以往"理论式、教条式"的教材内容，探索按进出口业务流程的先后顺序来编排本书内容。本书首先从进出口业务的国际市场行情分析开始，然后沿进出口业务流程的商务谈判、报关等环节，到进出口业务的出口结汇和进口付汇。学生学完本书内容，也就等于"身临其境"地完成了一笔完整的进出口业务，从而提高经贸类专业学生的实际操作能力。

　　2. 从学生的角度出发，以学生真正学到进出口知识为出发点和落脚点。本书尽量按照学生的认知特点来撰写，条理清晰而通俗易懂，生动形象而贴近实际，使教学回归到学生这一根本主体。本书在方便老师教的同时，最大限度地便于学生学，使学生不仅能够学到东西，而且能够运用所学进出口知识解决进出口业务中的实际问题。

　　3. 强调实用性。进出口是一项操作性、应用性很强的领域。为此，本书减少了"理论式"的说教，增加了"实用性"的训练，力争使学完本书的学生既学到知识，又掌握本领；既能胜任进出口的各种工作岗位，又具有"创新与创造"能力。

　　本书由吴建功负责提出写作思路并撰写提纲，米家龙负责统稿，陈奇负责协调编写事宜。本书内容的分工是：

　　模块一　吴建功

　　模块二　刘婷

　　模块三　米家龙

　　模块四　陈奇

　　模块五　吴正芳

　　模块六　周庭芳

　　模块七　米家龙

　　模块八　曹秋菊

模块九　陈奇

模块十　陈奇

由于本书是对经贸类专业进出口贸易实训教学的有益探索，思虑不周，难以做到"完美无缺"。加之水平有限、时间仓促，疏漏之处在所难免，敬请广大读者谅解并提出宝贵建议。

作者
2016 年 5 月

# 目 录

# 模块一　国际市场行情分析

## 一、目的要求

贯彻国家教育方针，培养学生良好的职业素质，使学生具备从事国际贸易及其相关工作的专业能力。国际市场行情分析以国际市场为研究对象，以行情分析和行情预测为主要内容。国际市场行情分析实训设置的目的是使学生对国际市场行情的研究任务，行情研究所依据的基础理论，国际经济形势和商品市场行情研究的指标体系、分析方法，以及国际市场行情预测的定性、定量方法有一个比较系统的了解，从而能够对国际市场发生的经济现象进行解释和分析，能够运用所学的知识和方法对国际市场行情的历史、现状进行判断，对其未来的变动趋势进行预测，从而提高从事国际经济与贸易工作的业务能力和决策能力；使其能够综合运用国际市场行情分析知识去开展工作，为从事国际贸易及其相关工作和进一步科学研究奠定基础。

## 二、场景设计

### （一）设置国际市场行情分析的场景

进行国际市场行情分析需要有一个国际市场行情分析的场所，有国际市场行情资料、桌椅，有一定的空间，使其他同学也有地方或坐或站进行模拟。要有能上互联网的计算机，可记录模拟国际市场行情分析重要演练过程的摄像设备、投影仪、麦克风等。

### （二）分出口方组和进口方组分别进行国际市场行情分析

为保证实训效果，将学生按实际国际市场行情分析的要求，分为若干个出口方和进口方国际市场行情分析小组，每小组人员 6 人左右，要求小组成员按国际市场行情分析的要求去进行内部分工(如：谁做国际市场行情分析报告，谁做预算报告，谁做风险防范报告等)。在正式进行国际市场行情分析前，要做好与国际市场行情分析内容有关的各项研究、分析、准备工作，然后按国际市场行情分析的一般步骤，每两小组分别扮演国际市场行情分析的出口方和进口方展开演练，最后先由学生自己对演练情况作出小结，然后指导老师进行点评。

### （三）国际市场分析

出口商小组选派两名同学，一名同学扮演出口商工作人员，负责出口国际市场行情分析；另一名同学扮演出口商管理人员，负责出口业务立项。

进口商小组中选派两名同学，一名同学扮演进口商工作人员，负责进口国际市场行情分析；另一名同学扮演进口商管理人员，负责进口业务立项。

### （四）进出口业务核算

出口商小组选派两名同学，一名同学扮演出口商工作人员，负责出口业务核算；另一名同学扮演出口商财务人员，负责审核出口业务核算报告。

进口商小组中选派两名同学，一名同学扮演进口商工作人员，负责进口业务核算；另一名同学扮演进口商财务人员，负责审核进口业务核算报告。

（五）进出口业务风险防范

出口商小组选派两名同学，一名同学扮演出口商工作人员，负责撰写出口业务风险防范报告；另一名同学扮演出口商管理人员，负责审核出口业务风险防范报告。

进口商小组中选派两名同学，一名同学扮演进口商工作人员，负责撰写进口业务风险防范报告；另一名同学扮演进口商管理人员，负责审核进口业务风险防范报告。

## 三、需要的知识点

（一）国际市场行情分析

1. 国际市场行情的特征

从事商品进出口贸易的公司，当然主要应研究有关商品的国际市场行情，但也不能不了解经济行情变化的规律、当前经济形势的动态和今后一段时期可能发生的变化，因为经济行情的变化会在很大程度上制约和影响商品市场行情的变化。当一些主要资本主义国家发生经济危机时，由于生产和市场的萎缩，世界上一些原料型产品，如塑料、有色金属等的市场情况也必然趋向恶化。即使进行一般性的研究，也不能不了解国际上一些重要商品的行情动态。石油价格的暴涨不仅会对发达国家，也会对不生产石油的不发达国家造成严重的不利影响。

国际市场行情波动的特征主要有：经常变化，动荡不定；错综复杂，发展不平衡；相互联系，相互影响等。

2. 国际市场行情分析的步骤

对国际市场行情的分析，一般情况下分为四个步骤进行：第一步，首先对世界宏观政治经济形势进行考察，并详细考察可能成为目标市场的地区和国家的市场情况。然后，选择可以考虑的若干种市场形态，如生活资料市场、生产资料市场、金融市场、技术劳务市场等，对可行的目标展开调研，考察市场饱和度、市场发展前景等。第二步，选择最佳的进入目标市场的途径和方式。可选择的方式有直接投资、输出商品或劳务、间接投资等。第三步，进行目标市场营销分析。可从产品、定价、分销渠道和促销四方面着手。第四步，在前三步分析结果的基础上，对世界市场进行综合分析与评价。如果分析结果存在问题，可重复以上步骤再次分析，制定更为科学和操作性更强的方案。

3. 国际市场行情分析的方法

（1）运用传统的国际市场行情分析方法

传统的国际市场行情分析方法主要有：实地访问、电话调研、信函调研、市场试销和数据分析等方法。

（2）参加国内外交易会和博览会以及出国办展推销与考察

传统的交易会和博览会等方式仍然具有不可替代的作用，尤其是看样订货，与客户直接面对面交流与沟通，能给洽谈双方留下难忘的印象，这是通过不见面的互联网联络无法达到的效果。另外，在交易会上收集的客户名片和宣传资料都可以成为日后跟踪联系的重要资源。至于出国办展推销与考察，能广泛地接触东道国的客户，还能实地了解客户的资信情况，在确定重点客户方面其作用更为明显。

①中国企业可通过以下途径参加国外会展：

A. 参加以各省人民政府名义举办的境外展览，具体承办单位有省商务厅和中国国际贸易促进委员会各省分会等机构。

B. 参加国内具有出国办展资格的组展单位举办的境外展览，具体参展项目及联系方式可登录中国贸促会网站（www. ccpit. org）查询经中国贸促会（会签商务部）批准的全国出展计划，具体联系单位有中国贸促会及地方分会、各专业商会和专业展览公司。

C. 参加各省出国展览服务部门受组展单位委托组织的出展项目，包括团体项目等，具体联系单位有省商务厅和省贸促会等。

D. 企业还可以直接联系境外展会主办方，自行参展，具体信息可通过中国贸促会等国内网站进行查询或直接上网查询。

②在参加展会时应注意的问题：

第一，选择国外展览会时，一定要与企业自身的市场分析、出口目标相结合。一般说来，从效果来看，参加专业性的、大型的、有影响的展览会胜于参加综合性的博览会。

第二，企业参展的展品应和展览会的主题相一致。

第三，在计划到国外参展之前，外贸业务员必须做好参展的成本核算。

③国际主流展会的特点：一是受历史传统、地域和文化因素的影响，世界各国的展览会呈现明显的地域特点，具有各自不同的办展风格。二是欧洲的展览会具有数量多、规模大、品牌响的显著特点。

（3）登录各种 B2B 国际贸易平台收集信息

所谓国际贸易 B2B（business to business）贸易平台，就是互联网上专供国际买卖双方发布各自供求信息以促进合作的网站，是国际商人聚会的大本营，其重要性自然不言而喻。

（4）利用搜索引擎直接搜索客户信息并建立业务联系

用搜索引擎直接搜索客户信息的具体方法包括：在各种搜索引擎中，利用关键词搜索客户网页，也可以一并搜索网页和图片。

- 学生要完成这一环节的实训，需了解国际市场行情分析的特征和方法。
- 有关详细知识点，学生可参考下列资源：

《世界市场行情新编》（第 2 版）第二章"世界市场行情变化"（"十二五"高等院校国际经济与贸易专业规划教材，赵春明主编，机械工业出版社，2013 年）。

（二）国际市场价格核算

国际市场价格核算是进行国际贸易的重要环节。价格是决定商品销路的重要因素之一，特别是当商品跨越国境、走向国际市场后，该价格将成为国际市场价格，并变得更具复杂性、竞争性与多变性；价格适当与否，常常直接关系到商品在国际市场上的竞争地位与所占份额，影响企业所获收入和利润的大小。有鉴于此，本节将在阐述国际市场价格类型与形成、定价目标及其选择的基础上，着重探讨国际市场价格制定的方法、策略等主要内容。

1. 国际市场价格类型

国际市场价格（international market price）是国际价值或国际生产价格的货币表现，亦称为国际贸易市场价格、世界市场价格等。它通常是指在一定时期内，某种商品在国际市场上进行交换所要求的、具有代表性的价格。国际间的商品交换须按照国际市场商品价格进行；某种商品的国际市场价格，往往就是该商品在国际集散中心、国际交易所或各种国际展览会的成交价格。在国际市场营销中，买卖双方进行价格磋商时，一般都参照国际市场价格；某些商品暂时没有国际市场价格，经双方商定，可以比照性能相近的类似商品的国际市场价格作价。

由于商品不同，市场不同，交易方式不同和影响国际市场价格形成的诸种因素的不同，也就产生了各种不同性质、不同水平的国际市场价格。如果从不同的角度与标志区分，国际市场价格可分成以下几大类型：

（1）实际成交价格

实际成交价格，是指在国际市场上，由买卖双方达成交易的实际价格。它能够较迅速而确切地反映国际市场价格动态和水平，是最为重要的行情指标。

通常，实际成交价格包括下面几种：

①交易所价格。通过交易所交易是国际市场上常用的贸易方式之一，其总成交额占资本主义国家出口总额的15%到20%，许多大宗初级产品的交易在很大程度上是通过这种特殊渠道进行的。目前，世界性交易所主要有芝加哥的谷物交易所、伦敦的金属交易所、新加坡的橡胶交易所等。

交易所价格主要是由公开价格竞争形成的，能够反映供求变动，因而在很大程度上就是国际市场价格。如果以交易所开业的始与终为标志，可将交易所价格分为两种：一种是开盘价格（opening price），即交易所每天开业后，首次成交的价格。另一种是收盘价格（close price），即交易所在每天营业结束前，最后一次成交的价格。

②拍卖价格（auction price）。它是指在国际拍卖市场上以拍卖方式出售商品的价格。这是一种现货成交价格，不附带特殊条件，能反映某些商品市场的价格水平。世界性的产地拍卖市场有印度、东非的茶叶拍卖市场；世界性的销地拍卖市场有伦敦的茶叶和猪鬃等拍卖市场。

③开标价格。它是以招标方式进行交易的成交价格。某些国家或大企业购进大批物资，或某些企业购进价值较高的商品如机械设备等，往往以公告方式向世界承销商招标，由于参加投标者众，竞争性强，故开标价格往往低于一般成交价格。现在第三世界国家的全部进口中，有20%到40%是由这些国家的国有企业通过招标进行的。如印度的烧碱、摩洛哥的茶等都采用这种方式。

④一般实际成交价格（actual price）。它是由买卖双方直接交易形成的价格。除了反映成交时的国际市场行情变化外，还能反映商品品质优劣、买主与卖主的业务关系等情况。该成交价格包括卖方出售商品索取价格时的要价，买方购买货物所给价格时的递价等。通常，这种成交价格与商品成交额的大小、业务关系的长短成反比，与商品的质量成正比。

⑤合同价格（contract price）。这是指买卖合同所规定的价格。在发生价格争议时，它是协调买卖双方契约关系的主要依据，而不管市场价格变动如何。在国际市场营销中，有色金属、化肥、新闻纸等大宗商品用户往往和生产者订有长期合同。所以，这些商品的合同价格一般是指这种长期合同价格。

⑥现货价格与期货价格。

现货价格（spot price）是指货物当场出售和交货的价格。买卖成交后，卖主即时交货、买主即时付款，但也有分期付款和延期付款的。

期货价格（forward price）是指期货交易的成交价格。在国际市场营销中，出口商往往在货物尚未生产时即已向国外进口商售出，在买卖合同中约定若干时间后交货，这就是期货交易，该交易达成的价格就是期货价格。

通常，当价格趋涨时，期货价格高于现货价格；当价格趋跌时，期货价格低于现货价格；而在正常情况下，因期货的费用负担大些，其价格一般要高于现货。

（2）参考价格

参考价格（reference price）是指在国际市场上，一国或几国的政府组织、一些大企业在各种报纸、杂志、专门通报、价目表、样本表上公布的商品售价。它也包括买卖交易一方的报价，但仅供对方参考，而不是真正的具体成交价。由于实际成交价是以参考价格为基础，通过加价或折扣形成的，而且成交价根据市场行情变化而围绕参考价格上下波动。因此，从分析国际市场各种商品的价格趋势的角度来考虑，研究参考价格非常重要。在由参考价格应用到实际价格时，必须注意运用折扣办法，如现金支付时的折扣、成交额的折扣、代理商或中间商的折扣等。但不可忽视的是，由于参考价格不是具体的实际成交价格，往往具有相当程度的虚伪性，与国际市场价格出入很大，有时不能真实反映市场行情的变化，所以应慎重考虑。

（3）外贸统计价格

外贸统计价格是在国际贸易与营销过程中，用进出口的数量除以进出口商品总值求出的。它反映了一国政府根据海关统计计算的出口和进口的实际价格平均水平。这种价格并不表示具体商品分规格的价格，而是包括同类的、但技术性能和品质不同的商品价格，如汽车归为一类但并不细分哪种牌号的车，染料、油漆也按类划分，等等，虽然如此，但外贸统计价格可以相当准确地反映各个国家的外贸价格和国际市场价格的变化。所以，对于批量商品或品种单一和标准商品来说，外贸统计价格比通常的参考价格有更大的参考价值。

2. 国际市场价格的形成

掌握国际市场价格的形成，是制定商品价格并采取相应方法、策略的前提与基础。因此，有必要分析有关国际市场价格形成方面的问题。

（1）国际市场价格形成的因素

①国际价值是国际市场价格形成的基础。在国际市场上，价格形成的基础是国际价值。这是因为国际市场是由世界上参与贸易的国家组成的，不同的国家在同一劳动时间内所生产的同种商品的量不同，有不同的国际价值，即国别价值。国别价值尽管在一国范围内得到了社会承认，但它进入国际市场后，价值是得不到国际承认的，只有把国别

价值转化为国际价值，才能作为国际商品交换的尺度，才能成为国际市场价格形成的基础。

同时，由于受到多种因素的影响，国际市场价格并不直接是国际价值的货币表现，而是在价值规律的作用下，围绕国际价值上下波动，它有时高于国际价值，有时低于国际价值。但不管它如何偏离价值，最终决不会离开国际价值这个轴心，并随着国际价值变化而变化。

②货币价值是国际市场价格的尺度。价格是商品价值的货币表现，是商品价值和货币价值的交换比例和指数。因此，价格的变动除取决于商品价值的变化外，还受货币价值变化的影响。而货币价值的变化也往往通过价格的变化反映出来。所以，国际市场价格不仅受国际价值的支配，而且受货币价值的支配。

在国际市场上，当一国的货币流通量超过了流通中所需的货币量，货币就会贬值；而当商品价值不变，货币价值降低或货币价值降低大于商品价值降低时，价格就会上涨，反之，价格就会下跌。因此，一国货币的贬值或升值，都会引起国内市场价格和国际市场价格的变化。

③市场供求是形成国际市场价格的重要参数。任何商品的价格都是在一定的市场供求关系下形成的。在国际市场上，商品价格是随着供求关系变动而变动的，或者说，国际市场供求状况对国际市场价格起直接作用。商品供不应求，价格上升；供过于求，价格下降。具体说来，供求变动引起国际市场价格变动有几种情况：一是当国际市场需求扩大时，商品价格趋涨；而当需求萎缩时，商品价格会趋跌。二是当生产过剩、供应过大时，卖方急于出售，商品价格趋跌；而当商品供给减少时，价格会趋涨。三是当需求扩大，同时供给发生缩减时，价格会急剧上升，而当需求下降而供给却不断增加时，价格会急剧下跌。

④竞争是国际市场价格形成的重要手段。一般说来，社会必要劳动时间决定商品价值的运动是通过竞争来确立的；供求关系变动引起市场价格围绕价值的波动，也是通过买者和卖者在市场上的竞争来实现的。因此，只有通过竞争，并通过商品价格的波动，才能实现商品生产者（经营者）经济利益的分配。

具体说来，国际市场竞争对国际市场价格形成的作用表现在三个方面：一是卖主之间的竞争，即卖主之间急于出售自己的商品，战胜其他竞争对手，从而保证自己商品的销路。这种竞争往往导致价格下降。二是买主之间的竞争，由于买主求购心切，都力图排挤其他买主，不惜高价抢购。这种竞争往往导致市场价格上升。三是买主与卖主之间的竞争，由于在同一时间同一市场上对同一类商品，许多买主求购心切，同时，许多卖主急于销售，相互之间竞争的结果，要依据市场状况和竞争双方的力量对比关系而定。如果买主之间的竞争激烈程度超过卖主之间的竞争，往往导致市场商品价格上涨，反之则下跌。

⑤垄断操纵着国际市场价格。垄断是指少数大企业控制一个或若干经济部门的生产和贸易以获取高额利润而实行的一种联合。垄断对国际市场价格的影响，取决于它们对市场的垄断程度，垄断程度越高，操纵市场价格的力量越强；反之，垄断程度越低，进入市场的企业越多。竞争越激烈，价格波动越频繁。

垄断操纵国际市场价格的手段是各种多样的。当某垄断组织控制着某些商品的大部分生产和贸易时，就直接确定市场的垄断高价，获取暴利；但在多数情况下，特别是在国际市场上，总是有若干垄断组织的激烈竞争，一些垄断组织彼此一致签订瓜分销售市场、规定生产数量、确定统一价格的协定；垄断组织在发生生产过剩时，用限制生产的方法，维持高价。

⑥各国政府法规影响国际市场价格形成。各国政府根据本国利益的需要，常常在许多方面制定特定的法律，或通过税收、配额、反倾销措施等间接方法控制与影响国内市场价格的形成与变化趋势，进而影响国际市场价格。

具体说来，包括两方面：一是直接的法规、政策手段。各国政府对"国有化"企业的商品和劳务直接规定价格和收费标准；国家与私人垄断组织进行交易时，共同规定商品价格和劳务收费标准；国家在必要时强制冻结物价；国家为了某些垄断集团的利益，对一些商品实行价外补贴。二是间接的政策和措施。国家利用财政杠杆干预或调节投资规模和结构，借以扩大或缩小市场供求，影响国内价格水平；通过中央银行增加或减少货币供应量、贷款额，提高或降低利息率、各种津贴、补助等来干预和调节社会经济生活，推动国内市场价格水平上涨，进而影响国际市场价格；通过对外经济政策，如支持私人垄断资本对外投资扩张、制定各种政策措施限制进口等，从而加剧国际市场竞争，影响国际市场价格。

⑦经济周期也影响国际市场价格。一般说来，世界上资本主义各国往往会发生周期性的经济危机，经济周期各阶段变化直接影响商品价格的高低。在经济萧条和衰退阶段，通货紧缩，对进口工业原料和消费品的需求会大大减少，致使国际市场价格下降；而在经济复苏和繁荣时期需求增长会导致价格上升。因此，经济运行的周期性，必然导致世界市场价格也将出现周期性波动。

同时，社会主义各国也有经济发展周期，诸如由于种种原因而出现经济高速增长时期、调节整顿时期和下降时期。在增长时期进出口都会扩大；在下降阶段，则会奖出限入，从而影响国际市场价格的形成与变动。

国际市场价格形成的因素，除了上述几个主要方面外，还有消费习惯、成交数量、付款条件、地理位置、商品质量、自然因素、技术进步、政治经济形势、战争因素等各种不同的具体因素都会对国际市场价格产生影响。

(2)国际市场价格的构成

国际市场价格构成，也就是国际市场商品价格的组成部分。商品的价格通常由成本、利润、税金和流通费用四个部分组成。在国际市场营销中，商品价格构成各部分包含的具体内容更为复杂、广泛。由于商品经过的流转环节多、时间长，流通费用所占比重要高些，有的甚至高于成本，税金相对要多些，商业利润比重大些。因此，与国内市场价格相比，后三个因素在价格构成中所占比重往往大些。这是国际市场价格的一个特点。

现对国际市场价格构成的四个部分简述如下：

①成本。国际市场商品的成本是产品价值货币表现的主要部分，是企业定价的最低经济线。它包括的范围主要有：为生产产品而耗用的原料和辅助材料费、燃料和动力

费、职工的工资和福利费、产品的装潢和包装费、固定资产折旧和待摊费、企业管理费等。

②利润。利润是国际市场价格构成的基本因素，它是商品销售价格减去商品成本、税金和流通费用后的余额（见下式）。如果这个余额为正，则表示盈利，如果这个余额为负，则表示亏损。

$$利润 = 销售价格 -（成本 + 流通费用 + 税金）$$

③税金。在国际市场营销过程中，税金主要包括关税和其他税收。各国为了保护自身的利益，往往会限制一些商品进口，同时出于获得财政收入的目的需要向进口商品收税。除征收关税外，各国可能还征收交易税、增值税和零售税等。这些税收在很大程度上提高了商品在国际市场上的最终价格。

④流通费用。在国际市场营销中，由于商品所经路途较远、环节多、手续复杂，因此，流通费用在国际市场价格构成中所占比重较高，有时可能比成本还要高。

具体地说，流通费用不仅包括商品运输费、装卸费、仓储费、保险费、银行手续费，还包括承办这些辅助性、服务性活动的责任、风险所付的代价和中间商的佣金与手续费等。

3. 国际市场价格制定的目标及选择

在国际市场上，一些企业为了适应整体市场经营战略的要求，占据市场竞争的有利地位和实现最大利益收入，在具体制定国际市场价格之前，都首先必须拟定本企业的定价目标；同时，要根据企业内外部的特点与情况变化，采取相应策略，对定价目标作出合理选择。只有当企业的定价目标同企业的总体市场营销目标相一致时，才能产生最大的经济效益。

由于制定国际市场价格时应考虑的因素很多，使得其定价目标多种多样。在国际市场营销过程中，主要有下面几种不同的定价目标：

①以获取最大利润为定价目标。获取最大利润是企业定价时的客观要求与共同追求的目标。它通常是以企业长期的最大利润为目标，并非短期的最大利润；而且在空间上是指企业整体利润的最大化，并非是单一产品、单一市场的最大利润。

对市场生命周期较短的产品，或是市场紧缺的产品，处于绝对有利地位时，有时可能以短期的最大利润为目标，实行高价政策，获取超额利润；待产品进入饱和期后，即将所获盈利投资于其他产品的经营。但这类做法的风险较大，高价政策也会受种种因素影响而难以为市场所接受，又会过早地引起激烈竞争，因此，应慎重采用。

当然，在企业的新产品上市之初，或在一个新的销售区域开创时，允许有一段赔本时期，以吸引顾客，开拓市场。

②以市场占有率为目标。一个企业的市场占有率状况，是反映该企业的经营效果、市场地位和竞争力状况的重要标志之一；而企业制定的国际市场价格的高低，对市场占有率的高低具有十分重要的影响。因此，在定价时，必须对市场占有率目标进行慎重考虑。

具体的市场占有率目标有两个：一个是以维持市场占有率为定价目标，它多以市场供求、市场竞争状况为转移，灵活地制定价格。另一个是以扩大市场占有率为定价目标，它多以降价为基本手段来进行市场扩张和渗透。随着国际市场竞争日益剧烈，企业的市场占有率越高，该企业市场地位越牢靠，而且也可能意味着该企业有较高的利润率。据调查表明，如果企业的绝对市场占有率为9%左右，那么该企业的年均投资收益率低于10%；如果绝对市场占有率超过40%，那么企业的平均投资收益率上升为30%左右。

③以应付和防止竞争为目标。大多数企业在进行国际市场营销时，对于竞争对手的价格水平策略均甚敏感。在定价之前，他们广泛收集有关资料与信息，将本企业产品的规格、品质等与竞争对手类似的产品作认真比较，然后或是低于竞争者的价格出售，或是与竞争者同等价格出售，或是高于竞争者的价格出售。

选择以应付和防止竞争为定价目标通常有三种不同的情况：一是攻击性竞争定价，其目标是以价格为手段，打击竞争对手，它常常采取成本定价法使竞争者无法维持继续经营而自动退出竞争，然后再提高价格，形成垄断。二是防御性竞争定价，即一般在竞争者采取价格竞争攻势以后，为了应付竞争，被动地保持与竞争者相近的价格。三是预防性竞争定价，它是在产品上市之初，为了防止竞争者介入，把价格定得较低，减少市场引力，从而避免出现激烈的竞争。

④以保持价格稳定为目标。过度的价格竞争，容易引起"价格疲劳"，造成不必要的损失，甚至两败俱伤。因此，一些企业都希望有一个比较稳定的价格来减少价格竞争的恶性循环。但这种责任只能历史地落到一些在市场处于领导地位的大企业身上。一般说来，大企业保证了价格一贯性，即稳定性，小企业是不敢随意涨价或降价的。因为这一不慎的举动，如果引起大企业的抵制，就会受到毁灭性的报复。从大企业来说，保持价格的稳定，也有利于巩固自己对市场的领导地位，有利于保持整体市场的稳定。

- 学生要完成这一环节的实训，需了解进出口业务核算的方法。
- 有关详细知识点，学生可参考下列资源：

《世界市场行情新编》（第2版）第六章"微观经济行情分析"（"十二五"高等院校国际经济与贸易专业规划教材，赵春明主编，机械工业出版社，2013年）。

（三）风险防范

1. 国际贸易风险的含义

风险是指在一定条件下客观存在、可能导致损害或损失产生的不确定性。这种不确定即指在社会活动实践中，人们不希望发生的后果发生的可能性。不确定性在一定条件下可以被测量、被认识或者被控制。在国际经济领域，国际贸易风险是指外贸主体在国际贸易经营过程中遭受损失和损害的可能性。风险损害的可能性在一定环境下是客观存在的。这种可能性能否变为现实则具有很大的不确定性。正是这种不确定性促使人们去探究外贸风险的运行规律。

2. 国际贸易风险的构成

外贸风险是由一定要素组成的。组成外贸风险的那些要素我们称之为外贸风险的构成。一般而言，外贸风险由下列三方面的要素构成：第一，风险因素。风险因素即对国际贸易进程起消极破坏作用、对贸易主体的利益可能造成损害的风险状况或风险情形。风险因素是国际贸易风险形成的条件和原因。风险因素从形态上可分为物的因素和人的因素。物的因素如船舶不适航、气候恶劣等,人的因素如信用缺失、工作失误等。风险因素从性质上可分为自然因素和社会因素。自然因素如洪涝灾害、地震等,社会因素如经济制裁、军事冲突等。第二,风险事件。风险事件是国际贸易风险损失产生的媒介,是造成风险损失的原因,是国际贸易风险因素相互作用的结果。国际贸易风险防范的一项重要任务就是防止风险事件的发生,或者回避风险事件。第三,风险损失。风险损失是指外贸风险对经济主体所造成的利益损失,即指风险事件给外贸企业所带来的贸易利益的减少或丧失。外贸风险损失可表现为直接的损失,如费用损失、财产损失等;也可表现为间接的损失,如企业信誉和社会利益的损害等。我们所说的外贸风险往往就包含风险因素、风险事件和风险损失这三重含义,外贸风险是风险因素、风险事件和风险损失的结合体。

3. 国际贸易风险的表现形态

外贸风险表现形式多种多样,我们只有从不同的角度和层面来考察,方能对外贸风险的表现形态有一个全局性的了解。第一,从空间角度看,外贸风险可表现为宏观风险和微观风险。宏观风险是指在国家乃至世界范围内,由于政治、经济、社会、自然等因素的作用而形成的风险。微观风险是指由于当事人的经营行为和方式问题所引致的风险。第二,从时间角度看,外贸风险可表现为长期风险、中期风险和短期风险。长期风险是指长期存在、对企业的发展有长期性影响的外贸风险。中期风险是指在几年之内都会存在、对外贸企业的发展构成威胁的外贸风险。短期风险是指存在的期限在1年之内的外贸风险。当然,风险存续时间短,并不意味着其对外贸企业的影响就小。第三,从险源角度看,国际贸易风险可表现为自然风险、社会风险和经营风险。自然风险是指自然现象对外贸企业经营活动造成的破坏和影响,而社会风险是指由于国内外政治、经济因素的变故而导致的风险,经营风险则是指由于外贸企业自身经营管理问题所引致的风险。第四,从内容角度看,国际贸易风险可表现为政治风险、经济风险、技术性风险、欺诈风险和不可抗力风险。政治风险指的是由于国家性政局变动和政策变化所导致的外贸风险。经济风险指的是由于诸如汇率、利率、价格波动、金融危机等经济事件所引发的外贸风险。技术性风险指的是由于技术事故如工作环节出错、单证不符等问题所引致的外贸风险。欺诈风险指的是由于商业欺诈行为所触发的外贸风险。不可抗力风险指的是由于无法预见、无法避免、无法控制的意外事故和自然灾害所引起的外贸风险。

4. 国际贸易风险防范

外贸风险防范指的是外贸主体在对外经营过程中对各种相关风险进行识别、测定和分析评价,适时采取风险防范技术或技术组合,对外贸风险实施有效的防范和控制,实现以最小的成本获得最大的安全保障的目标,保证国际贸易活动正常进行的管理行为和过程。外贸风险防范的对象是国际贸易中形形色色的风险因素、风险事件和风险损失。这既包含经济风险,也包含政治、文化风险;既包含国内风险,也包含国际风险;既包含进出口方行为所引起的风险,也包含其他经济主体和行政机构所引起的风险;既包含处于潜在状态的风险，也包含处于现实状态的风险；既包含未起作用的风险，也包含已造成损失的风险。根据外贸风险防范的对象，对外贸风险进行有效的防范、处置是外贸风险防范的任务。概括来说，外贸风险防范的内容有三个方面：一是健全企业对外经营的风险防范制度和体制，按照风险防范的要求对企业的经营行为进行统一规划、组织和协调。二是预防和控制风险，防止国际贸易风险从潜在状态转化为现实状态。三是处理外贸风险损失，将国际贸易风险损失降低到最低程度。

- 学生要完成这一环节的实训，需了解进出口业务风险防范的内容。
- 有关详细知识点，学生可参考下列资源：

《世界市场行情新编》(第2版)("十二五"高等院校国际经济与贸易专业规划教材，赵春明主编，机械工业出版社，2013年)。

## 四、任务

通过国际市场行情分析实训，让学生了解国际市场行情分析的过程，并能根据实际情况进行国际市场行情分析。对于国际经济与贸易工作的从业人员，如果没有对世界市场行情进行分析和预测的基本能力，是很难在瞬息万变的世界市场中抓住机会获得收益或发现问题规避风险的。所以，国际市场行情分析实训就是将行情分析和预测的理论知识和科学方法系统地传授给学生，为学生未来工作积累知识和潜在能力。

(1)出口方小组需完成出口方国际市场调研报告、出口业务核算报告、风险防范报告；

(2)进口方小组需完成进口方国际市场调研报告、进口业务核算报告、风险防范报告。

## 五、实训步骤

(一)国际市场行情分析

1.确定国际市场行情分析目标

国际市场行情分析的目的在于帮助企业准确地制定经营战略，做出外销决策。在此阶段，作为外贸业务员应针对企业所面临的市场现状和待解决的问题(如产品销路、产品寿命和广告效果等)，确定国际市场行情分析的目标和范围。

2.制定国际市场行情分析计划

国际市场行情分析计划一般应包括所需的信息资料、信息资料的来源、使用的调研方法和调研所需的经费，以及完成整个调研所需的时间等。

(1)确定所需的信息资料

调研过程中所需要的信息资料主要包括国际市场环境信息、国际市场产品信息、国际市场促销信息和国际市场竞争信息等内容。

（2）确定信息资料的来源

国际市场信息来源一般分为两类。一类是企业信息人员亲自搜集、整理和加工的各种原始信息，即主要靠实地考察得来的直接信息；一类是他人搜集并经过整理和加工的各种间接信息资料，即二手信息资料。

（3）拟定国际市场行情分析所需经费和时间

根据国际市场行情分析计划所安排的事项及分析的步骤，分配各环节所需的时间和所需的费用，做好时间安排和经费预算。

3.执行国际市场行情分析计划

此步骤主要包括收集、处理和分析数据资料等工作，该工作可以自己完成，也可委托企业外部的专业调研公司完成，也可采取网络调研的方式来完成。网络调查可以在本公司的网络内开展调查，也可以到大型的综合性门户网站或专业性网站开展调查。

4.分析国际市场行情分析结果并撰写报告

这一阶段主要是将市场分析获得的分散、凌乱的资料进行整理、分类和加工。整理完成后，要根据分析的结果写出一份国际市场行情分析报告。

国际市场行情分析报告包括的内容有：目标国家的经济情况，目标市场的消费情况以及目标对象的经营情况等。详见下面的国际市场行情分析报告。

---

### 国际市场行情分析报告

**一、实训目的**

通过实训，了解国际市场调查的方法、途径、内容，掌握信息数据和相关资料搜集的渠道，学会对信息进行甄别、整理、加工，制作商务PPT并在商务会议上进行展示和汇报，训练商务场合语言表达能力。加强小组成员的信息沟通、交流和合作，培养团队精神。

**二、实训内容**

目标国家的宏观经济、社会文化、风俗习惯、法律制度、贸易政策等；目标市场的消费群体、消费水平、消费偏好、市场规模等；目标对象的资信、经营状况、历史、生产技术、营销渠道等。要求综合运用市场营销学、世界经济地理、西方经济学、国际贸易学等专业知识进行分析，论证此项交易的可行性。要言之有物，论据充实，思路严谨，表述清晰，结论明确。

**三、实训报告**

## （二）进出口业务核算

出口方业务小组核算的内容有成本核算和报价核算等。进口方业务小组核算的内容有预期利润率核算和价格核算等。详见下面的外贸核算报告。

---

### 外贸核算报告

**一、实训目的**

通过实训，掌握进出口业务成本、费用和利润的核算，理解影响对外报价的相关因素并能在发盘或谈判中加以运用。制作商务 PPT 并在商务会议上进行展示和汇报，训练商务场合语言表达能力。加强小组成员的信息沟通、交流和合作，培养团队精神。

**二、实训内容**

出口业务小组：（1）成本核算：购货成本、国内费用、占用资金利息、运费、保险费、佣金等。（2）根据合理利润率进行报价核算，计算最底线报价，并根据该底线报价计算出口盈亏率、出口换汇成本。核算要步骤完整清楚、数据准确无误。（注：采购成本请通过市场调查合理确定，税率请到海关网站搜索查询，保险费查询保险公司网站，运费请查询相关货运公司网页，外汇汇率查询最新信息）

进口业务小组：根据市场状况估计进口后的市场销售价，制定最低预期利润率；计算进口所产生的一切成本费用；根据上述预算分析所能接受的对方（出口商）报价底线。

**三、实训报告**

---

## （三）风险防范

### 1. 本项贸易潜在的风险及后果

国际贸易的风险一般包括政治风险、经营风险等，学生可结合实训业务的实际情况对风险及后果展开分析。

## 2. 拟采取的防范化解措施或对策建议

学生根据潜在的风险及后果，有针对性地提出相应的措施或对策。

---

风险防范报告

---

**一、实训目的**

通过实训，了解国际贸易常见风险类型、成因，掌握国际贸易风险防范的措施。制作商务 PPT 并在商务会议上进行展示和汇报，训练商务场合语言表达能力。加强小组成员的信息沟通、交流和合作，培养团队精神。

**二、实训内容**

（1）本项贸易潜在的风险及后果。

一般包括政治风险、信用风险、外汇风险及法律风险等，学生无需面面俱到，可根据所做的该项实训业务的实际情况选择风险类型，并对这些风险可能造成的后果进行较为深入的分析。

（2）拟采取的防范化解措施或对策建议。

学生所提出的防范化解措施或对策建议必须是针对上面所提到的风险，不能泛泛而谈。

**三、实训报告**

---

## 六、考核与评价

| 序号 | 考核内容 | 评价标准 | | | | |
|---|---|---|---|---|---|---|
| | | 优 | 良 | 中 | 合格 | 不合格 |
| 1 | 国际市场调研 | 国际市场调研报告是否正确、完整 | | | | |
| 2 | 进出口业务核算 | 进出口税费计算是否准确、熟练 | | | | |
| 3 | 风险防范 | 风险防范报告的完整性、准确性和规范性 | | | | |
| 4 | 团队分工与合作 | 团队分工合作是否明确，团队配合是否高效 | | | | |

## 附：进出口商及交易商品资料信息

（一）公司资料

出口商由 A 组（奇数组）学生扮演，进口商由 B 组（偶数组）学生扮演

1. 出口方公司资料

公司名称：Createx Clothing International Limited

联系人：Carrie Lin

地址：South Gate, Fengting Town, Xianyou County, Fujian, China

电话：86 - 594 - 7667208　　传真：86 - 594 - 7667218

Email：carrie-createx@ 163. com

2. 进口方公司资料

公司名称：FISA KARTOTECNICA, SPA

联系人：Jone

地址：Ridgewood Ave. , Suite, Port Orange, Florida, USA

电话：386 - 322 - 0026　　传真：386 - 322 - 0728

Email：slorenzo@ aol. cp

（二）产品资料

| 货号 | 15010 | 海关编码 | 42021290 | |
|---|---|---|---|---|
| 商品品名 | 旅行包 | 英文品名 | TRAVELLING BAG | |
| 产地 | CHINA | 所属类别 | 箱包 | |
| 中文描述 | 舒适背垫，可调节背带<br>规格：长度 13 cm，底部宽度 9 cm，高度 18 cm<br>包装：1 只/纸盒，10 只/箱 | | | |
| 英文描述 | COMFORTABLE FOAM BACK PANEL, REMOVABLE HIP BELT.<br>SIZE：13CM L * 9CM W * 18CM H<br>PACKING：1PC/BOX, 10PCS/CARTON | | | |
| 销售单位 | PC | 包装单位 | CARTON | |
| 单位换算 | 每包装单位 = 10 销售单位 | | | |
| 毛重 | 14 KGS | 净重 | 12. 5 KGS | |
| 体积 | 0. 0628 CBM | | | |

## （三）报价资料

| 出口商 | | | | 进口商 | |
|---|---|---|---|---|---|
| 费用项目 | 金额（无特殊说明均为人民币） | | | 费用项目 | 金额（无特殊说明均为人民币） |
| 采购成本 | | | | | |
| 内陆运费及杂费 | 800 | | | 内陆运费及杂费 | 800 |
| 海运费（美元） | 20' | 40' | LCL（W/M） | 消费税 | |
| | 1420 | 2710 | 50 | | |
| 商检费 | 200 | | | 商检费 | 200 |
| 认证费 | 200 元/证 | | | 增值税 | |
| 报关费 | 300 | | | 报关费 | 300 |
| 核销费 | 50 | | | 核销费 | 50 |
| 银行费 | 600 | | | 银行费 | 合同金额的 5% |
| 出口关税 | | | | 保险费率（均加一成投保） | 一切险＝0.8%　战争险＝0.08% |
| 公司综合业务费用 | 10000 | | | 公司综合业务费用 | 10000 |
| 退税收入 | | | | 进口关税 | |

# 模块二　新产品展示

## 一、实训目的要求

产品在进入国际市场前，良好有效的宣传和展示能保证新产品快速、成功地获得关注，因而新产品展示环节尤为重要。通过新产品展示实训，使学生了解各类新产品的推广和宣传具体的程序，撰写参展计划书，熟悉新产品展示流程，灵活应对新产品展示过程中可能出现的状况。通过模拟实践，锻炼学生的组织筹划能力、商务沟通能力、语言表达能力及创新思维能力，为未来的实际应用做好准备。

## 二、实训场景设计

以4~6人为一组，模拟广交会形式，主要包括新产品发布和商务会展两个环节，全程使用英语展示和交流。学生通过团队协作、分工合作撰写参展计划书，规划全部流程。

### 1.新产品发布会

产品类型不限，但为便于展示，建议在日用消费品、玩具、食品、纺织服装、工艺品和电子产品中选择。通过8分钟的新产品发布会，向客户（进口商）和观众展示新产品。发布会结束后，以评分评价产品发布会效果。

### 2.模拟商务会展

以两个小组为单位模拟商务会展形式，分为A、B两组，轮流扮演出口商和客户（进口商），双方进行商务沟通模拟。此外，学生需布置展台、设计海报，并做好会展总结。在模拟商务会展结束后，根据模拟商务沟通情况签订国际商务合同。

## 三、相关专业知识和技能

### （一）商务英语的应用能力训练

通过掌握商务英语中的会话内容、基本词汇、专业术语、基本句型以及商务英语沟通技巧，培养学生在具体商务工作环境中运用英语的实际能力、沟通能力、信息获取与整理能力及综合应用能力。通过基本技能的训练，使学生掌握一定的实务操作能力，并与国际商法、外贸函电、进出口贸易实务等课程的教学知识点相互渗透、相互促进、相互支撑。

- 参考书目：
《新编剑桥商务英语》，达姆特著，经济科学出版社，2008年；
《新视野商务英语》，塔利斯著，外语教学与研究出版社，2013年。

### （二）国际商务礼仪的训练

国际商务礼仪是在国际商务活动中的各种礼节、仪式。学生通过了解礼仪在国际商务沟通中的作用,学习商务形象礼仪、商务办公礼仪、商务应酬礼仪、商务会议礼仪、商务谈判礼仪、商务用餐礼仪、商务信函礼仪、商务馈赠礼仪、商务礼仪危机等,并熟悉中国主要贸易伙伴国家和地区的商务礼仪,把握全球商务贸易发展中涉及的文化、礼仪、习俗等方面的新变化、新趋向。

- 参考书目:
《国际商务礼仪》(第 2 版),李嘉珊编著,电子工业出版社,2011 年;
《国际商务礼仪英文教程》,张宇、艾天姿等编著,北京大学出版社,2010 年;
《国际商务礼仪》,廖国强、王朝晖,对外经济贸易大学出版社,2015 年。

3.跨文化交流能力训练

跨文化交流主要从文化差异出发,围绕不同文化差异导致的沟通障碍或成败,培养学生对跨文化交流的意识和能力。通过跨文化交流能力训练,学生具备文化差异的敏感性,提高不同文化背景下的综合协调能力和化解矛盾能力。

- 参考书目:
《跨文化交际》,祖晓梅著,外语教学与研究出版社,2015 年;
《跨文化交际技巧:如何跟西方人打交道》,斯诺著,上海外语教育出版社,2014 年;
《跨文化交际学概论》,胡义仲著,外语教学与研究出版社,1999 年。

## 四、实训任务

通过模拟新产品发布和商务会展的基本流程,在进行新产品推广的同时,提高学生综合应用进出口贸易实务、成本核算等专业知识和英语口语等通用知识的能力,并掌握布展的方法和技巧,培养学生会展营销和商务沟通能力。同时,在整个活动中培养各参赛团队的沟通能力、协调能力、组织能力和动手实践能力,从而营造良好的专业技能实训氛围。

## 五、实训步骤

(一)参展策划书

内容包括但不限于参展宗旨与目标设定、展前准备安排、产品调查与分析、营销策略规划、人员组织与规划以及参展进度规划等。

参展宗旨与目标设定:注明公司参展背景、参展宗旨与参展目标,说明与会展定位契合问题。

展前准备安排:维护和树立企业形象,了解竞争对手情况,准备宣传资料,做好参展预算及前期宣传工作,确定参展的时间、地点、展位等。

产品调查与分析:介绍产品基本情况,如材质、规格、类型和目标人群等,分析产品市场地位和行情情况。

营销策略规划:关于产品的营销计划、方案等。

人员组织与规划:涉及参展人员、流程、物料、新产品等的规划,并落实到具体岗位、具体人员。

参展进度规划：参展的时间、进度安排及各阶段具体安排。

参展的其他注意事项。

（二）新产品发布

以小组为单位，围绕产品特点使用全英文进行全方位展示，形式不限，可使用视频、PPT等辅助工具，生动有效地展示新产品。

以小组（4～6人）为单位，使用英文介绍新产品，时长8分钟，力求产品特色鲜明、品牌宣传到位、展示过程流畅、形式灵活多样，给观众和潜在客户留下深刻印象。建议注意以下几点：

①产品范围：考虑展示的便利性，建议选择日用消费品、玩具、食品、纺织服装、工艺品和电子产品。

②展示构思：充分研究和思考新产品的特性、材质、目标人群、潜在市场等元素，将突出元素融入新产品发布环节中，不断强化产品与品牌意识。

③环节设计：每个小组可安排1～2位主持人，承担主讲、串场等工作。以产品视频、多媒体动画、情景剧等多种手段相配合，丰富发布环节形式，力求8分钟时间充实饱满。通过设计2～3个环节突出产品发布亮点，维持与提高观众和潜在客户的关注度。不同阶段重点突出，发布环节思路清晰，环环相扣，确保展示过程流畅具体。

④团队协作：各人发挥自身特长与优点，结合产品发布环节设计，明确分工，各司其职，各负其责；同时，取长补短，融合团队优势，将个人优势和集体智慧与产品特色紧密结合，充分将团队表现融入到产品发布之中。

（三）布置展位

1. 展位基本情况

在9 m² 国际标准展位里进行布展（包括但不限于海报张贴与商品陈列等）。

结合新产品特点确定展位标准，根据展位位置及客流情况对展位进行有效设计和布展，是取得良好商务洽谈效果的必备条件。

2. 注意事项

布置展位时需注意以下几个方面：

①展位设计：注重展位的创新性、艺术性，结合新产品特点进行有效设计，避免囿于俗套。

②展位布局：充分利用展位空间进行合理布局，一般设置有接待区、洽谈区和展示区，三区既要相互配合又要注意功能分开，以便在面临大量客流时尽可能扩大接待能力。

③展位装饰：展位的陈列摆放主要包括陈列的新产品、宣传资料，此外还需配套性的物料等。新产品的陈列应主次分明、主题突出，利用灯光、工艺品、海报、KT板等加以装饰。宣传资料应突出公司名称、新产品名称、产品资质证明、画册等，尽可能直观形象。配套性物料包括展示架、桌椅、灯饰、工艺品等，可根据展位大小选择合适的配套用品，避免过度拥挤或空洞；选用少量且较大图片，突出视觉效果；做到图文并茂的同时，避免文字的过多使用。

（四）模拟商务沟通

1. 吸引潜在客户

通过现场播放视频、模特展示产品等形式吸引与会人员关注，并普及新产品特点。利用语言或肢体动作等方式提高展位关注度。真诚灿烂的微笑、外向热情的肢体语言都可以传递友好信息，应让客户感受足够受重视从而愿意接受邀请进入展位。展位的整洁程度、色彩搭配、宣传海报、统一服装、小赠品、参展公司工作人员的整体形象和举止等均能成为吸引客户的元素。

2. 发现潜在客户

通过展会中的邀请和在展台的接待，观察和判断潜在目标客户。可以采取专业发问、客户提供的名片、客户穿着和人员组合、客户的关注点、客户的仪态以及客户关注的敏感问题等进行有效识别。

3. 与客户开展有效沟通

（1）确定客户动机

善于通过交谈、提问等方式了解客户的真正意图，洞悉客户参观展台的真正原因。

（2）介绍新产品

准备新产品解说词→介绍宣传材料→演示新产品的特色和功能。

（3）推销新产品

在推销新产品过程中，需有效了解客户需求，主动适当发问，倾听客户想法，真诚、专业地与客户进行沟通，在交流中获取客户信息，为新产品的进一步销售打下基础。

发问技巧：善于主动发问，创造新产品介绍主动权，搜集客户信息；注意发问的连贯性和间歇性，短时间过多的话题不利于深度发问，而深度发问有利于发现客户需求；多采用开放式发问，有利于了解客户的关注点。

倾听技巧：真诚倾听了解客户需求；使用点头、微笑、眼神交流等积极的肢体语言；复述客户的话确保信息传递的准确性，提升交流融洽度。

（4）促进新产品销售

会展现场不要单纯追求订单额，大客户一般是在随后两三个月才下订单。会展工作的重点是给客户留下良好印象、记录客户信息，为展后跟进销售服务。需注意控制展中销售时间、统一销售数据口径等。

（5）报价策略

报价是商务洽谈中至关重要的一环，价格过高和过低都不利于商务活动的开展，需注意以下几点：

①报价前做好市场调研，清楚同行报价，了解供应商和原材料价格的变化，统计同行平均报价，从而确保自身价格的合理性。

②准备价格单，制定产品的 MOQ 和 FOB 报价。

③客户要求报价时，应了解客户的购买意愿、询价动机、真正需求和购买迫切性，有的放矢报出虚盘和实盘。

④根据不同的出口市场、买家特点、销售淡旺季、订单大小来调整报价。

⑤报价时利用合同里的付款方式、交货期、装运条款、保险条款等选择合适的价格术语。

⑥报价时还需注意报价的有效期；汇率、利率、海运费、原材料上涨等风险；出口退税率；全球宏观经济形势等因素。

## 六、考核与评价

| 项目 | 评分细则(百分制) | 细项分值 | 总分 |
|---|---|---|---|
| 1. 参展计算书<br>(中文) | 参展宗旨与目标设定 | 10 | 100 |
| | 展前准备安排 | 10 | |
| | 产业与产品调查与分析 | 25 | |
| | 营销策略规划 | 10 | |
| | 人员组织与规则 | 20 | |
| | 参展进度规划 | 15 | |
| | 总体评价 | 10 | |
| 2. 新产品发布<br>(英语) | 英语表达能力和熟练程度 | 35 | 100 |
| | 展示方式和技巧的灵活应用能力 | 35 | |
| | 产品特征及卖点的挖掘 | 20 | |
| | 团队合作默契程度 | 10 | |
| 3. 布置展位 | 展位设计(含海报设计, 海报全英文) | 40 | 100 |
| | 商品陈列 | 40 | |
| | 展位装饰 | 20 | |
| 4. 模拟商务沟通<br>(英文) | 英语表达能力和熟练程度 | 20 | 100 |
| | 商品推介技巧, 语言说服力 | 20 | |
| | 报价议价能力 | 20 | |
| | 合同磋商与签署 | 20 | |
| | 商务礼仪 | 10 | |
| | 团队合作默契程度 | 10 | |

## 七、拓展资料

### 模拟广交会经验：如何跟进和接待客户

对于外贸行业来说，展会无疑是最直接、最有效接触和开发客户的方法。如何利用好展会这个宝贵的机会推荐产品，跟进客户，达成订单，这是所有参展企业和业务人员所关心的。

广交会无疑是个巨大的舞台，激动、紧张、期待，但同时还夹杂着迷茫和无措。怎么开始、怎么准备、怎么吸引客户、怎么跟客户打招呼、怎么介绍产品等等。无论是老业务人员还是新业务人员，这些永远都是一个不断学习和积累经验的过程。

对于老业务人员而言，展会期间主要是跟老客户联络感情，了解客户当地行情，推荐新品以及促进后续订单达成，毕竟客户千里迢迢赶来中国，一年也就那么一两次，所以抓住展会期间这个机会是最重要的。对于新业务人员而言，开发客户是最重要的，同时参展的经验积累也是为自己外贸生涯打下坚实基础的一个宝贵机会。

### 一、展会前准备工作

熟悉自己公司和产品的相关知识，如公司规模，优势所在等，对于贸易公司来说，同事之间必须统一口径，如工厂所在地、工厂规模等；同时要多了解自己的产品，特别是新品，对于部分重要参数、新品价格等要熟记；同时对于一些常规问题如 MOQ、包装信息、出货港、公司在某个市场有哪些热销品项等都需要做好准备，以免客户问到而产生尴尬局面。

### 二、展会布置

一般来说，广交会期间参展企业都会展示公司新品和一些热销品项，展品陈列效果如何对于吸引客流量和推荐新品以及后续订单有非常重要的作用。产品摆放经验总结如下：

(1)新品热销品优先摆放，陈列高度位于舒适的视线范围内，拿取方便；

(2)产品系列化摆放，如果同一款产品有多个颜色，一般按照从浅至深的顺序陈列在一起；

(3)其余单款产品不成系列的，则可按照形状、款式的类似度进行摆放；

(4)老品项一般来说摆放于展架下方比较合适，特别是看起来笨重的款式；

(5)比较便宜或者用于促销的款式可摆放于展架最上方，因为可能观看和拿取的次数较少。

### 三、展会期间接待工作

展会期间的接待是最有可能影响订单达成的。得体的接待工作能给客户留下良好的印象，同时为后续客户开拓起到重要作用。如果说做好展会前期的准备是为了有备无患，那么展会期间的临场发挥则能锦上添花。展会接待要注意的方面，主要如下：

1.有效客户的识别

广交会期间一般来说都会非常忙碌，特别是展会中间 2 天，所以效率是非常重要的。对于有效客户的识别则成为提高效率的有效手段，客户类型主要包括以下几类：

(1)重要客人：当客人从很远就看到我们某款产品，并且愿意拿到手上观摩、询价，跟你谈到他有采购计划，这种客户无疑就是我们最想要追求的，所以对于这类客户，业务员要认真记录客户谈到的每个细节，同时也尽可能地从客户口中打探一些他们公司的信息，如公司销售渠道、主要产品等。同时，在跟客户交谈的过程中可以看看客户名片信息，如是否有公司网站、邮箱，客户职位和商标等，这些都可以成为判断客户实力规模的一个重要依据。

(2)一般性客人：一般客户来展会，都会带着一定的目的性，比如需要寻找一些什么产品，需要找到匹配的供应商等等。此类客户来到展位会泛泛地观看产品，然后选取一些自己感兴趣的产品，但是仅仅是询价而已，并无详细的采购计划。这类客人一般询问产品款式可能较多，因为需要拿去跟其他供应商做比较，或者将我们的产品放入他们后续供应商开发范围之内。这种客户可能需要后续较长时间开发，但是也属于质量不错的客户了。

(3)常规客人：有时候有些产品即使不在客人目标范围内，也能让他们产生一定的兴趣。这类客人通常会对某类产品或者某个很有兴趣，然后详细询问并记录。此类客户也需要我们认真对待，后续跟进也很必要，因为这类客户一定是觉得这类产品或单个产品适合他。

(4)打酱油：此类客户给人感觉漫无目的，走马观花，东问西问。对于此类客户，业务员不需要花费太多时间在他们身上，因为下一个来摊位的客人可能就是极为有意向的。

(5)交换名片类型：纯粹出于收集产品或供应商需要，较容易判断。

2. 展会期间和展会后的客户开发

(1)名片的分类：广交会期间来的客户五花八门，上文已经对观展客户做了大概分类，所以在展会结束后，为了提高客户开发和订单达成的效率，我们可以将客户分类，具体可分为：老客户、重要客户、一般性客户、其他。客户分类请按照上文提到的客户识别来区分。

(2)客户跟进与开发：前面提到，广交会是维护老客户与开发新客户的最有效渠道，所以必须抓住展会期间客户的动态，做到及时、高效、有的放矢。跟进与开发可按照客户重要程度做以下划分。老客户返单：有些老客户在展会期间会跟你谈到某些很有兴趣的产品，并且提到具体下单品项、数量等，那么展会期间最好将PI做给客户。因为客户的供应商肯定不止一家，展会期间观看的供应商越多，就越有可能将订单下给其他厂家，所以我们一定要及时做好PI/PO发给客户，这样客户可能就将某个品项的采购计划确定下来而不再考虑其他供应商此类产品。

(3)重要客人：上文已介绍如何判断此类客户。在我看来，对于这部分客人，业务员给他们的邮件和报价比老客户还重要，应该优先处理。因为此类客户极大可能就是近期会有订单的客户，而且此类客户也同样会找其他供应商要报价，所以能够成为第一个为他发报价的供应商，就很有可能抢占先机，让客户优先考虑。当然，此类客户应该也会在展会期间观看其他家供应商，所以后续跟进过程中如果客户提到某款或几款产品价格偏高并且给出目标价，那么我们应该最短时间内给客户回复是否能降价或者达到目标价，否则机会可能就会丢失。此类客户在报价后如果没有回复，可以立即追发邮件，一天追发两封都不为过，超过2天没回复，一定要电话跟进，这样才能清楚地知道客户的想法，以免丢失潜在订单。有同事可能觉得追得太紧不好，但是考虑到展会期间客户收到的邮件报价极多，我们重复发或者多发几次邮件，客户看到你邮件的机会就大大提高，也会让客户更重视你。

对于其他客户名片，则在处理完老客户和重要客户名片后再做跟进。在客户的开发跟进过程当中，对客户进行分析同样重要。在给客户发邮件之前，查看客户网站是必不可少的动作，切忌拿着名片直接发邮件，这样不仅可以了解客户大致的经营范围、历史、规模等等，而且对于后续推荐产品和维护有着很大的作用。

对于所有有回复的客人，我们都应该予以同等重视，特别是客户跟进开发过程中客户提到需要某些款式，谈到目标价、采购数量等等，我们都应该在最短时间内回复处理。

（资料来源：雨果网 http://www.cifnews.com/Article/11175）

# 模块三　商务谈判

## 一、目的要求

为了适应对外开放和进出口贸易活动的需要，必须培养和造就一批适应于现代经济活动特点的具有较高素质的进出口贸易能手。而商务交流与谈判水平的高低则是衡量进出口贸易人员素质的一个重要标准。设置商务谈判实训的目的就是要改变以往那种完全依靠进出口贸易人员主观想法和个人性格特点随意进行交流、谈判的状况，从理论上和方法上使进出口贸易人员有所依据，有所提高，并在此基础之上根据各自的特点和具体情况，有方法、有步骤地进行富有成效的交流与商务谈判活动。因此，通过对商务谈判的学习，应当掌握交流与谈判的基本原则和基本方法，以及在交流与谈判中所应注意到的特殊之处。这样，对未来的进出口贸易人员的素质培养才能够达到一个更高的水平。

## 二、场景设计

（一）设置商务谈判的场景

需要有一个类似大型会议室的谈判场所，有长桌、座椅，有一定的空间，使其他同学也有地方或坐着或站着进行观战。要有能联上互联网的计算机、可记录模拟谈判重要演练过程的摄像设备、投影仪和话筒。

（二）分出口方组和进口方组分别进行商务谈判

为保证实训效果，将学生按实际谈判的要求，分为若干个出口方和进口方谈判小组，每小组6人左右，要求小组成员按谈判的要求去进行内部分工（如：谁主谈，谁辅谈，谁扮市场人员，谁扮财务人员，谁扮法律人员，谁记录等等）。在正式谈判前要做好与谈判内容有关的各项研究、分析、准备工作，然后按谈判的一般步骤、程序，每两小组分别扮演谈判的出口方和进口方展开演练，最后先由学生自己对演练情况做出小结，然后由指导老师进行点评。

（三）外贸函电往来

出口商小组选派两名同学，一名同学扮演出口方工作人员，负责发盘；另一名同学扮演另一个出口方工作人员，负责还盘。

进口商小组中选派两名同学，一名同学扮演进口方工作人员，负责询盘；另一名同学扮演另一个进口方工作人员，负责接受。

## 三、需要的知识点

（一）进出口英文函电往来

在进出口业务中，洽商交易的程序一般可归纳为：询盘—发盘—还盘—接受。习惯上把这四个环节称之为交易的一般程序。

询盘、发盘、还盘、接受四个环节是交易洽商的一般程序。但具体到每一笔具体交易，并不是必须经过这四个环节。例如，有的交易是由一方主动发盘而开始洽谈的，因而询盘这一环节就不存在了；又如，有的交易在一方发盘后，立即被另一方接受，因而还盘这一环节也就不需要了。然而，有的交易需经双方反复还盘，多次往返洽商才能达成交易，这样的洽商过程就比较复杂。但是，无论洽商的过程是简单还是复杂，发盘和接受是达成交易必不可少的两个最基本环节。

- 学生要完成这一环节的实训，需了解询盘、发盘、还盘、接受。
- 有关详细知识点，学生可参考下列资源：

《新编国际贸易实务》第八章"合同的磋商和订立"（普通高等教育"十二五"规划教材，王涛生，吴建功等编著，科学出版社，2014 年）。

### （二）商务谈判

#### 1. 商务谈判的概念

商务谈判是指经济领域中，两个或两个以上从事商务活动的组织或个人，为了满足各自的经济利益，进行意见交换和磋商，谋求取得一致和达成协议的行为过程。它是市场经济条件下流通领域最普遍最大量的活动。商务谈判具体包括：商品买卖、劳务贸易、技术贸易、投资、经济合作等。

商务谈判是交易双方为最终取得互惠协议而做的努力。因此，一场成功的商务谈判不应该是你输我赢的对决，而应该是双方互利合作的过程。商务谈判的每一方都应是胜利者，最终达成的协议必须对双方都有利，即各方都满足了自己的需要，否则，谈判就不会成功。

#### 2. 商务谈判的内容

货物买卖谈判，按照交易地位可分为采购谈判和推销谈判；按照国域界限可分为国内货物买卖谈判和国际货物买卖谈判。在国际货物买卖谈判中，又有进口谈判和出口谈判。在货物买卖的谈判中，主要有以下内容：

（1）标的

标的即谈判涉及的交易对象或交易内容。在货物买卖合同中，标的是指被交易的具体货物。

（2）品质

货物的品质是指货物的内在质量及其外观形态。它是量度货物使用价值和价值的依据，也是货物买卖谈判中的主要交易条件。因此，在谈判中必须对货物品质做出准确、全面的规定。

（3）数量

数量是货物买卖的主要交易条件，它既影响合同的总金额，又与单价直接相关。有关数量问题，谈判中应根据货物性质和交易需要选用适当的计量单位。

（4）包装

包装分为运输包装和销售包装，它不仅有利于保护货物的使用价值，也有利于实现和增值货物的价值。在货物的包装方面，买卖双方一般主要就包装材料、包装方式、包装标志和包装费用等方面进行磋商。在国际货物买卖中，谈判人员还应注意了解有关国家或地区对包装的规定和偏好。

（5）价格

价格是谈判议题的核心，它直接关系交易各方的经济利益，也与其他交易条件有着密切的联系。货物买卖谈判中的价格条款主要涉及以下内容：价格水平、价格计算的方式、价格术语的运用。

（6）交货

怎样使货物按照合同规定及时、完整地交付给买方，这是卖方的责任和义务，也是货物买卖谈判中的重要内容。在交货问题上，买卖双方主要应就货物运输方式、装运时间、装运地和目的地等进行磋商。

（7）支付

货款的支付是货物买卖中的一项重要问题。在不同的支付条件下，对买方的实际支出和卖方的实际收入可能有很大影响，因此，谈判各方都应努力争取对自身有利的支付条件。在支付问题上，买卖双方主要应就以下问题进行磋商：支付手段、支付时间、支付货币、支付方式。

（8）检验

检验是对被交易的货物的品质、数量、包装等实施的检查和鉴定。检验合格，是卖方履约的重要标志，也是买方支付货款的前提条件。为保障买卖双方的利益和避免合同履行中的矛盾，谈判中关于检验的磋商主要有：检验内容和方法、检验时间和地点、检验机构。

（9）不可抗力

不可抗力是指某些非可控的自然或社会力量引起的突发事件。不可抗力可能会影响合同的顺利履行。贸易实践和各国法律均认可不可抗力，但对什么情况属于不可抗力却没有统一的规定。为了维护当事各方的权益，必须通过磋商在合同中规定不可抗力条款。谈判中关于不可抗力条款的磋商一般涉及不可抗力事件的范围、出具不可抗力事件证明的机构、事件发生后通知对方的期限、发生不可抗力事件后合同的履行和处理等。

（10）索赔和仲裁

在货物买卖中，常常会发生一方因种种理由而违约的情况，而另一方则有权索取相应的赔偿，这是商务谈判中不可回避的一个问题。关于谈判中的索赔问题，通常应就以下条款达成一致：索赔的依据、索赔的有效期限、索赔损失的计算办法等。

仲裁是指合同当事人在产生争议不能协商解决的情况下，由仲裁机构居中做出的判断和裁决。商务谈判中的仲裁条款应协商的问题主要是：仲裁地点、仲裁机构、仲裁程序、仲裁费用等。

3.商务谈判技巧

（1）确定谈判态度

在商业活动中面对的谈判对象多种多样，我们不能拿出同样的态度对待所有谈判。我们需要根据谈判对象与谈判结果的重要程度来决定谈判时所要采取的态度。

如果谈判对象对企业很重要，比如长期合作的大客户，而此次谈判的内容与结果对公司并非很重要，那么就可以抱有让步的心态进行谈判，即在企业没有太大损失与影响的情况下满足对方，这样对于以后的合作会更加有利。

如果谈判对象对企业很重要，而谈判的结果对企业同样重要，那么就抱持一种友好合作的心态，尽可能达到双赢，将双方的矛盾转向第三方，比如市场区域的划分出现矛盾，那么可以建议双方一起或协助对方去开发新的市场，扩大区域面积，将谈判的对立竞争转化为携手竞合。

如果谈判对象对企业不重要，谈判结果对企业也是无足轻重、可有可无，那么就可以轻松上阵，不要把太多精力消耗在这样的谈判上，甚至可以取消这样的谈判。

如果谈判对象对企业不重要，但谈判结果对企业非常重要，那么就以积极竞争的态度参与谈判，不用考虑谈判对手，完全以最佳谈判结果为导向。

（2）充分了解谈判对手

正所谓"知己知彼，百战不殆"，在商务谈判中这一点尤为重要，对对手的了解越多，越能把握谈判的主动权，就好像我们预先知道了招标的底价一样，自然成本最低，成功的几率最高。

了解对手时不仅要了解对方的谈判目的、心里底线等，还要了解对方公司的经营情况、行业情况、谈判人员的性格、对方公司的文化、谈判对手的习惯与禁忌等。这样便可以避免很多因文化、生活习惯等方面的矛盾，对谈判产生额外的障碍。还有一个非常重要的因素需要了解并掌握，那就是其他竞争对手的情况。比如，一场采购谈判，我们作为供货商，要了解其他可能与我们谈判的采购商进行合作的供货商的情况，还有其他可能跟自己合作的其他采购商的情况，这样就可以适时给出相较其他供货商略微优惠一点的合作方式，那么将很容易达成协议。如果对手提出更加苛刻的要求，我们也就可以把其他采购商的信息拿出来，让对手知道，我们是知道底细的，同时暗示，我们有很多合作的选择。反之，我们作为采购商，也可以采用同样的反向策略。

（3）准备多套谈判方案

谈判双方最初各自拿出的方案都是对自己非常有利的，而双方又都希望通过谈判获得更多的利益，因此，谈判结果肯定不会是双方最初拿出的那套方案，而是经过双方协商、妥协、变通后的结果。

在双方你推我拉的过程中常常容易迷失最初的意愿，或被对方带入误区，此时最好的办法就是多准备几套谈判方案，先拿出最有利的方案，没达成协议就拿出其次的方案，还没有达成协议就拿出再次一等的方案，即使我们不主动拿出这些方案，但是心中可以做到有数，知道向对方的妥协是否偏移了最初自己设定的框架，这样就不会出现谈判结束后，仔细思考才发现，自己的让步已经超过了预计承受的范围。

（4）营造融洽的谈判气氛

在谈判之初，最好先找到一些双方观点一致的地方并表述出来，给对方留下一种彼此更像合作伙伴的印象。这样，接下来的谈判就容易朝着一个达成共识的方向进展，而不是剑拔弩张的对抗。当遇到僵持时也可以拿出双方的共识来增强彼此的信心，化解分歧。

也可以向对方提供一些其感兴趣的商业信息，或者对一些不是很重要的问题进行简单的探讨，达成共识后双方的心里就会发生奇妙的改变。

（5）设定好谈判的禁区

谈判是一种很敏感的交流，所以，语言要简练，避免出现不该说的话，但是在艰难的长时间谈判过程中也难免出错，那最好的方法就是提前设定好哪些是谈判中的禁语，哪些话题是危险的，哪些行为是不能做的，谈判的心理底线是什么等。这样就可以最大限度地避免在谈判中落入对方设下的陷阱中。

（6）语言表述简练

在商务谈判中忌讳言语松散或像拉家常一样的语言方式，要尽可能让自己的语言变得简练，否则，你的关键词语很可能会被淹没在拖拉冗长、毫无意义的语言中。一颗珍珠放在地上，我们可以轻松地发现它，但是如果倒一袋碎石子在上面，要找到珍珠就会很费劲。同样的道理，我们人类接收外来声音或视觉信息的特点是：一开始专注，随着接受信息的增加，注意力会越来越分散，如果是一些无关痛痒的信息，更将被忽略。

因此，谈判时语言要做到简练，针对性强，争取在对方大脑处在最佳接收信息状态时表述清楚自己的信息，如果要表达的是内容很多的信息，比如合同书、计划书等，那么适合在讲述或者诵读时语气进行高、低、轻、重的变化，比如，重要的地方提高声音，放慢速度，也可以穿插一些问句，引起对方的主动思考，提高注意力。在重要的谈判前应该进行一下模拟演练，训练语言的表述、突发问题的应对等。在谈判中切忌模糊、啰唆的语言，这样不仅无法有效表达自己的意图，更可能使对方产生疑惑、反感情绪。在这里要明确一点，区分清楚沉稳与拖沓的区别，前者是语言表述虽然缓慢，但字字经过推敲，没有废话，而这样的语速也有利于对方理解与消化信息内容。在谈判中笔者非常推崇清楚沉稳的表达方式。在谈判中想靠伶牙俐齿，以咄咄逼人的气势压住对方，往往事与愿违，多数结果不会很理想。

（7）商务谈判技巧中的博弈

商务谈判虽然不比政治与军事谈判重大，但是谈判的本质就是一种博弈，一种对抗，充满了火药味。在谈判中双方都很敏感，如果语言过于直率或强势，很容易唤起对方的本能对抗意识或遭致反感，因此，商务谈判中在双方遇到分歧时要面带笑容、语言委婉地与对手针锋相对，这样对方就不会启动头脑中本能的敌意，使接下来的谈判不容易陷入僵局。

商务谈判中并非张牙舞爪、气势夺人就会占据主动，反倒是喜怒不形于色、情绪不被对方所引导、心思不被对方所洞悉的方式更能克制对手。至柔者长存，致刚者易损，要想成为商务谈判的高手，就要做一颗柔软的钉子。

（8）曲线进攻

孙子曰"以迂为直"，克劳赛维斯将军也说过"到达目标的捷径就是那条最曲折的路"。在谈判中想达到目的就要迂回前行，否则直接奔向目标，只会引起对方的警觉与对抗。应该通过引导对方的思想，把对方的思维引导到自己的包围圈中，从而掌握主动权，比如，通过提问的方式，让对方主动替你说出你想听到的答案。反之，越是急切想达到目的，越是可能暴露了自己的意图，被对方所利用。

（9）谈判用耳朵取胜而不是用嘴巴取胜

在谈判中我们往往容易陷入一个误区，那就是受主动进攻的思维意识左右，总是在不停地说，总想把对方的话压下去，总想多给对方灌输一些自己的思想，以为这样可以占据谈判主动。其实不然，在这种竞争性环境中，你说的话越多，对方越会排斥，能入耳的很少，能入心的更少，而且，你的话多了就挤占了总的谈话时间，对方也有一肚子话想说，被压抑下的结果则是很难妥协或达成协议。反之，让对方把想说的都说出来，当其把压抑心底的话都说出来后，就会像一个泄了气的皮球一样，锐气会减退，接下来你再反击，对手已经没有后招了。更为关键的是，善于倾听可以从对方的话语中发现对方的真正意图，甚至是破绽。

（10）控制谈判局势

谈判活动表面看来没有主持人，实则有一个隐形的主持人存在着，不是你就是你的对手。因此，要主动争取把握谈判节奏、方向，甚至是趋势。主持人所应该具备的特质是：话虽不多，但是招招中的，直击要害；气势虽不凌人，但运筹帷幄，从容不迫，不是用语言把对手逼到悬崖边，而是用语言把对手引领到崖边。并且，想做谈判桌上的主持人就要体现出你的公平，即客观地面对问题，尤其在谈判开始时尤为重要，慢慢对手会被你潜移默化地引导着，局势将向对你有利的一边倾斜。

在谈判中可以适时提出一两个很高的对方必然无法同意的要求，我们在经历一番讨价还价后可以进行让步，把要求降低或改为其他要求。这些高要求我们本来就不期望达成协议，即使让步也没损失，但是却可以让对方有一种成就感，觉得自己占得了便宜。这时我们其他的、相较起这种高要求要低的要求就很容易被对方接受，但切忌提出太离谱、过分的要求，否则对方会觉得我们没有诚意，甚至被激怒。

先抛出高要求也可以有效降低对手对于谈判利益的预期，挫伤对手的锐气。

其实，谈判的关键就是如何达成谈判双方的心理平衡，达成协议的时候就是双方心里都达到平衡点的时候。也就是认为，自己在谈判中取得了满意或基本满意的结果，这种满意包括预期的达到、自己获得的利益、谈判对手的让步、自己获得了主动权、谈判时融洽的气氛等，有时谈判中的这种平衡和利益关系并不大，所以，在谈判中只要能赢得利益，笔者认为可以输掉谈判。也就是表面上做出让步，失掉一些利益，给对手一种攻城略地的快感，实则是洒了遍地的芝麻让对手乐颠颠地去捡，自己偷偷抱走对手的西瓜。

谈判人员在谈判时应本着友好合作、互利双赢的理念进行谈判。面对强硬的对手采取适当的策略，有力地展现我方阵容的强大实力。

- 学生要完成这一环节的实训，需了解商务谈判的概念、内容和技巧。
- 有关详细知识点，学生可参考下列资源：

《新编国际贸易实务》第八章"合同的磋商和订立"（普通高等教育"十二五"规划教材，王涛生、吴建功等编著，科学出版社，2014 年）。

（三）进出口合同签订

交易双方经过洽商，一方的发盘或还盘被另一方接受后，交易立即达成，双方就要承担法律责任。交易双方为明确规定各方的权利和义务，一般采用书面的形式把它确定下来，经过双方的签字，各执一份，这种行为在进出口业务中，称之为签订合同。

1.合同的形式

在国际上,对书面合同的形式没有具体的限制,买卖双方既可采用正式的合同(contract)、确认书(confirmation)、协议(agreement),也可采用备忘录(memorandum)等多种形式。

在我国进出口业务中,各个进出口公司都印有固定格式的书面合同,在同国外客户达成交易后,一般均由我方填制书面合同,经双方核对无误并签字,各执正本一份,据以执行。目前我们采用的书面合同有两种形式,即销售合同和销售确认书。

2.书面合同的构成

书面合同一般由下列三部分组成:

(1)约首

约首是指合同的序言部分,其中包括合同的名称、订约双方当事人的名称和地址(要求写明全称);除此之外,在合同序言部分常常写明双方订立合同的意愿和执行合同的保证。该序言对双方具有约束力,因此,在规定该序言时,应慎重考虑。

(2)正文

这是合同的主体部分。正文是合同的主要部分,供需双方的权利、义务、责任等均在正文部分加以约定。因此,正文也是合同的核心部分,一定要全面、准确地加以表述,不能有一点差错。

(3)约尾

约尾一般列明合同的份数,使用的文字及其效力,订约的时间和地点,生效的时间。合同的订约地点往往要涉及采用何种法律解决合同争议的问题,因此要慎重对待。我国的进出口合同的订约地点一般都写在我国。有时,有的合同将"订约时间和地点"在约首订明。

## ［销售合同示例］

### Createx Clothing International Limited

### 销 售 合 同
### SALES CONTRACT

合同编号
S/C NO. XD023/2015
日　期
Date:May,20,2015

卖方
Seller:Createx Clothing International Limited.
Add:South Gate, Fengting Town,
Xianyou County, Fujian, China
Telex:86 - 594 - 7667208
Fax:86 - 594 - 7667218
E-mail:carrie-createx@ 163. com

买方
Buyer:FISA KARTOTECNICA, SPA
Add:Ridgewood Ave. , Suite, Port Orange,
Florida, USA
Telex:386 - 322 - 0026
Fax:386 - 322 - 0728
E-mail:slorenzo@ aol. cp,

双方同意按下列条款由买方购进卖方出售下列商品：

The Buyer agrees to buy and the seller agrees to sell the following goods on terms and conditions as set forth below：

| 1.商品名称及规格<br>Name of Commodity and Specifications | 数　量<br>Quantity | 单　价<br>Unit Price | 总　值<br>Amount |
|---|---|---|---|
| TRAVELLING BAG COMFORTABLE FOAM<br><br>BACK PANEL, REMOVABLE HIP BELT.<br><br>SIZE：13CM L * 9CM W * 18CM H<br><br>PACKING：1PC/BOX,10PCS/CARTON | 6000 Pcs | FOB Xiamen<br>USD20 Per Pc | USD120000 |

2. 保　险　　　买方自理
Insurance　　　To Be Effected by the Buyer.

3. 包　装　　　纸箱
Packing：　　　In Carton

4. 唛　头
Shipping Marks. N/M

5. 装运期限
Time of Shipment：Not Later Than JULY,15. 2015.

6. 装运口岸
7. Port of Loading：Xiamen Port

7. 目的港
Port of Destination：Miami USA

8. 付款条件　　　开给我方100%不可撤回即期付款及可转让可分割之信用证。并须注明可在上述装运日期后十五内在中国议付有效。

Terms of Payment：Pay 100% Confirmed, Irrevocable. Transferable and Divisible Letter of Credit to be available by sight draft and to remain valid for negotiation in China until the 15th day after the aforesaid Time of Shipment.

OTHER TERMS AND CONDITIONS AS PER BACK HEREOF

9. It is mutually agreed that the Inspection Certificate of Quality（Weight）issued by the China Import and Export Commodity Inspection Bureau at the port of Shipment Shall be Port of documents Presented for negotiation under the relevant L/C . The Buyers shall have the right to reinspect the Quality and Quantity（Weight）of the cargo. The reinspect fee shall be borne by the Buyers. Should the Quality and/or Quantity（Weight）be found not in conformity with that of the Contract, the Buyers are entitled to lodge with the Sellers a Claim which Should be by the Survey reports issued by a recognized Surveyer approved by the Sellers.

10. REMARKS：

（1）The Buyers shall have the Covering L/C reach the Sellers（or notify the Import License Number）before　　　Otherwise the Sellers reserve the right to rescind without further notice or to accept whole or any part of this Confirmation not fulfilled by the Buyers or to lodge a claim for losses this sustained any.

（2）For transactions concluded on FOB basis it is understood that the Insurance amount will be for 110%

of the invoice value against the risks specified in the Sales Confirmation. If additional Insurance amount of coverage is required, the buyers must have the consent of the Sellers before Shipment and the additional Premium is to be borne by the buyers.

（3）The Sellers shall not be held liable for failure or delay in delivery of the entire lot or a portion of the goods under this Sales Confirmation on consequence of any Force Majeure incidents.

（4）The Buyers are requested always to quote The Number of This Confirmation in the Letter of Credit to be opened in favour of the Sellers.

（5）Arbitration：All disputes in connection with this contract or the execution there of Shall be Settled by negotiation between two parties. If no settlement can be reached, the case in dispute shall then be submitted for arbitration in the country of the defendant in accordance with the arbitration regulations of the arbitration organization of the defendant Country. The decision made by the arbitration organization shall be taken as final and binding upon both parties. The arbitration expenses shall be borne by the losing party unless otherwise awarded by the arbitration organization.

（6）The Buyers are requested to sign and return one copy of this S. C immediately after receipt of the same. Objection, if any, should be raised by the Buyers within five days after the receipt of this S. C in the absence of which it is understood that the Buyers have accepted the terms and conditions of the Sales confirmation.

The Seller：

Createx Clothing International Limited
（Signed）

The Buyer：

FISA KARTOTECNICA, SPA
（Signed）

- 学生要完成这一环节的实训，需了解合同的形式和内容构成。
- 在这一实训环节涉及的单证主要有：销售合同和销售确认书。
- 有关单据填制的详细解释，学生可参考下列参考资源：

《新编国际贸易实务》第八章"合同的磋商和订立"（普通高等教育"十二五"规划教材，王涛生、吴建功等编著，科学出版社，2014年）。

网络资源：福步外贸论坛（FOB Business Forum）|中国第一外贸论坛

http://bbs.fobshanghai.com/，拓展阅读有关外贸函电、商务谈判、合同等版块，了解实际外贸业务中具体操作及各种疑难点的处理办法。

## 四、任务

商务谈判是国际经济与贸易、国际商务专业中的一项应用性很强的技能，它的主要内容包括交流与谈判的基本理论，口头、书面、函电、跨文化及其他交流的技巧，商务谈判人员的组织与管理、各阶段的谈判策略、交流与谈判的礼仪礼节、各国文化差异对交流和谈判的影响以及僵局处理与风险规避方法等。在学习理论知识的基础上，学生通过实训演练更好地掌握商务谈判的技巧和策略，学会根据商务谈判来签订合同。

出口方小组需完成发盘、还盘、合同条款的谈判等业务操作，根据商务谈判结果认真制定合同；

进口方小组需完成询盘、接受,合同条款的谈判等业务操作,并依据商务谈判结果制定合同,如合同有问题,需及时修改。

## 五、实训步骤

一般的商务谈判的程序,可以分为五个步骤。

（一）分组

开始商务谈判前要进行分组。分组的实训过程是:

（1）将每班的同学划分为 8 个小组,每小组规模大约为 6 人,组团的时候应注意小组成员在知识、性格、技能方面的互补性;

（2）每个谈判小组进行分工。将每个谈判小组的 6 人分配不同的角色,分别扮演主谈人员,辅谈人员,市场人员,财务人员,法律人员,记录人员等;

（3）选举小组长以协调小组的各项工作。由于商务谈判模拟实训的很多环节均需要小组成员共同完成,因而无特殊原因中途不允许组员变动。小组成绩将作为每位组员的实训成绩;

（4）每组由组长牵头,抽签选择谈判对手,其他的小组观摩,每两组模拟谈判完毕,在教师的带领下讨论,指出“谈判人员”在谈判过程中礼仪、语言、思维、策略等方面存在的问题。

商务谈判从某种程度上讲是谈判双方人员实力的较量。谈判的成效如何,往往取决于谈判人员的学识、能力和心理素质。一名合格的商务谈判者,除了具备丰富的知识和熟练的技能外,还应具备自信心、果断力、富于冒险精神等心理状态,只有这样才能正视挫折与失败。而商务谈判又常常是一场群体间的交锋,单凭谈判者个人的丰富知识和熟练技能,并不一定就能达到圆满的结局,应选择合适的人选组成谈判班子。成员各自的知识结构要具有互补性,从而在解决各种专业问题时能驾轻就熟,并有助于提高谈判效率,在一定程度上减轻了主谈人员的压力。

（二）准备

商务谈判前的准备阶段,主要包括以下三项工作:选择谈判对象;收集信息;制订谈判策略。

1. 准备阶段的实训过程

（1）小组的出口方、进口方分别在一起分析、研究谈判资料;

（2）双方分别集中策划谈判方案;

（3）扮演的谈判角色细分职责与任务;

（4）个人温习所学的相关知识（根据角色的需要）,进一步搜集相关信息;

（5）个人的准备情况与方案向小组汇报,然后作集体的统筹修正;

（6）双方对获得的资料、信息以及讨论结果、谈判方案均需各自认真保管。

“凡事预则立,不预则废”。要做好商务谈判,谈判前的准备工作是必不可少的,这些准备工作也是商务谈判取得胜利的保障。

2. 谈判前的策略准备

要做好商务谈判工作,以下三大方面的准备是必不可少的:

①知己知彼，不打无准备之战。在谈判准备过程中，谈判者要在对自身情况作全面分析的同时，设法全面了解谈判对手的情况。自身分析主要是通过对拟谈判进行可行性研究。了解对手的情况主要包括对手的实力、资信状况，对手所在国（地区）的政策、法规、商务习俗、风土人情以及谈判对手的谈判人员状况等等。

②设定让步的限度。商务谈判中经常遇到的问题就是价格问题，这也是谈判中利益冲突的焦点问题。在谈判前，双方都要确定让步的底线，超越这个限度，谈判将无法进行。让步限度的确定必须有一定的合理性和科学性，要建立在调查研究和实际情况的基础之上，如果把限度确定的过高或过低，都会使谈判出现冲突，最终导致谈判失败。

③制定谈判策略。不同的谈判有各自的特点，因此应制定谈判的策略和战术。在某些情况下，首先让步的谈判者可能被认为处于软弱地位，致使对方施加压力以得到更多的让步；然而，同样的举动可能被看作是一种要求合作的信号。在商务谈判中，采取合作的策略，可以使谈判获得成功，使双方在交易中建立融洽的商业关系，最终各方都能受益。但一个纯粹的合作关系也是不切实际的。当对方寻求最大利益时，会采取某些竞争策略。因此，在谈判中采取合作与竞争相结合的策略会促使谈判顺利达成。这就要求我们在谈判前制定多种策略方案，以便随机应变。双方要事先计划好必要时可以做出哪些让步及怎样让步，何时让步。在谈判之前要考虑几种可供选择的竞争策略，在对方认为你的合作愿望是软弱的表示时或者对方不合情理，咄咄逼人，这时改变谈判的策略，可以取得额外的让步。

（三）制作商务谈判策划书

（1）在对国际市场供需调查的基础上，确定本公司的谈判实力。

（2）针对选定的谈判对手进行全面了解，包括：对手的企业经营管理状况、资信状况、谈判风格等。

（3）确定谈判小组成员，包括主谈人员、辅谈人员、辅谈人员、市场人员、财务人员、法律人员、记录人员以及每个成员的具体职责。

（4）确定谈判的最高和最低目标：最高目标——与多家企业谈判都成功，谈判对手能接受买方在谈判中提出的具体方案。最低目标——至少与一家企业达成一致购销协议。

（5）拟定应急预案。由于是商务谈判，所以可能会产生一些摩擦，因此，事先应就预估的情况拟定应付策略如：

①对方愿意接受价格，但是运输费用上要自行负责。应对方案：进行磋商，尽可能让对方公司负责运输费用这些问题。

②对方无法接受价格，要求提高价格，甚至突破了我方的底线。应对方案：我方就此问题再次与对方进行商讨，并且强调价格无法提高至此，并且说明我方给予对方的让利最大化。

③对方对我方的资产或付款能力产生质疑。应对方案：我方是实力雄厚的公司，不论是资金或是地位都是行业中的佼佼者，可邀请对方人员到我方公司进行参观与考察。

商务谈判策划书

**一、实训目的**

通过实训，掌握进出口业务成本、费用和利润的核算，理解影响对外报价的相关因素并能在发盘或谈判中加以运用。制作商务 PPT 并在商务会议上进行展示和汇报，训练商务场合语言表达能力。加强小组成员的信息沟通、交流和合作，培养团队精神。

**二、实训内容**

(1)在对国际市场供需调查的基础上，确定本公司的谈判实力。

(2)针对选定的谈判对手进行全面了解，包括：对手的企业经营管理状况、资信状况、谈判风格等。

(3)谈判小组成员的确定，包括每个成员的具体职责。

(4)确定谈判目标。

(5)确定谈判策略。

(6)拟定谈判议程。

**三、实训报告**

(四)实质性谈判

实质性谈判阶段，是指开局阶段结束以后，到最终签订协议或不签协议为止，双方就交易的内容和条件所进行谈判的时间和过程。它是整个谈判过程的主体，是谈判阶段的核心和最具有实质意义的步骤。实质性谈判过程，又包括：明示和报价—交锋—妥协—达成一致。

实质性谈判阶段的实训过程是：

(1)在实训室或可以面对面围坐于课桌的实训场地或实训教室开展；

(2)由指定方(或发邀方)的谈判组组长主持会议；

(3)根据实训教材、资料给定的主要议题和各自策划的方案展开谈判；

(4)谈判时间限定为 1 小时；

(5)实训过程中要有教师在场作指导(适当指导，但不干涉)；

(6)小组数不限定，但要确保人人参与；

(7)小组成员要按谈判的要求去进行内部分工，在正式谈判前要做好与谈判内容有关的各项研究、分析、准备工作；

(8)需按谈判过程及要求逐一展开，在谈判中，各成员需认真严肃，尽力扮演好自己担当的角色，举止言谈需符合谈判的气氛要求，以确保仿真度；

实质性商务谈判的内容主要包括：交易商品、品质、数量、包装、价格、交货、支付、检验、不可抗力、索赔和仲裁等。谈判小组成员要按照各自分别扮演的主谈人员，辅谈人员，市场人员，财务人员，法律人员，记录人员等角色的不同，进行组内分工，并在正式谈判前要做好与自己扮演角色相关的谈判内容的准备工作。

实质性商务谈判的内容就是实际谈判中的内容。但为了更多地发现问题，实质性商务谈判的内容往往更具针对性。实质性商务谈判的内容的选择与确定，不同类型的谈判也有所不同，可以灵活把握与运用。

（五）签约

在双方经谈判达成一致后，就可以签约。

签约阶段的实训过程是：

（1）对谈成的最终结果，要按要求签订协议书，并上交指导教师；

（2）双方各选一名代表，对己方的谈判效果作简短评价，并谈实训体会；

（3）谈判结束后，指导教师需对其谈判过程及结果进行点评、打分；

（4）个人按要求与格式撰写实训报告，并上交作为实训成绩评定的依据；

（5）主要的谈判过程用摄像设备记录下来，作为给予学生考核成绩的依据。

（6）实训指导老师根据个人在实训中的表现、以及实训报告打出个人的实训成绩。

根据模拟商务谈判的结果，填写销售确认书。

## 六、考核与评价

| 序号 | 考核内容 | 评价标准 | | | | |
|---|---|---|---|---|---|---|
| | | 优 | 良 | 中 | 合格 | 不合格 |
| 1 | 商务谈判 | 商务谈判是否正确、熟练、完整，商务谈判的礼仪是否合理，商务谈判的口语是否准确 | | | | |
| 2 | 合同制作 | 合同制作的完整性、准确性和规范性，对合同和单据之间的关系是否理解准确 | | | | |
| 3 | 团队分工与合作 | 团队分工合作是否明确，团队配合是否高效 | | | | |

## ［销售确认书示例］

### Sales Confirmation

Confirmation No：

Signed at place，Date：

The Sellers：　　　　　　　　　　　The　Buyers：

Address：　　　　　　　　　　　　Address：

The undersigned Sellers and Buyers have agreed to close the following transaction according to the terms and Conditions Stipulated bellow：

1. Name of Commodity and Specification

2. Quantity

3. Unit Price

4. Amount

5. Total Value

With % more or less both in amount and quantity allowed at the sellers option

6. Packing

7. Time of Shipment：□Within days after receipt of L/C allowing transshipment and partial shipment.

8. Port of loading

9. Port of Destination

10. Terms of Payment：□By100% Confirmed, Irrevocable, Transferable and Divisible Letter of Credit to be available by sight draft and to remain valid for negotiation in China until the 15th day after the aforesaid Time of Shipment.

11. Insurance：□Covering all risks and war risk only (excluding S. R. C. C)as per the China Insurance Clauses. □To be effected by the buyers.

12. Shipping Mark

13. It is mutually agreed that the Inspection Certificate of Quality (Weight) issued by the China Import and Export Commodity Inspection Bureau at the port of Shipment Shall be Port of documents Presented for negotiation under the relevant L/C . The Buyers shall have the right to reinspect the Quality and Quantity (Weight) of the cargo. The reinspect fee shall be borne by the Buyers. Should the Quality and/or Quantity (Weight) be found not in conformity with that of the Contract, the Buyers are entitled to lodge with the Sellers a Claim which Should be by the Survey reports issued by a recognized Surveyer approved by the Sellers.

14. Remarks：

(1) The Buyers shall have the Covering L/C reach the Sellers (or notify the Import License Number)before. Otherwise the Sellers reserve the right to rescind without further notice or to accept whole or any part of this Confirmation not fulfilled by the Buyers or to lodge a claim for losses this sustained any.

(2) For transactions concluded on CIF basis it is understood that the Insurance amount will be for 110% of the invoice value against the risks specified in the Sales Confirmation. If additional Insurance amount of coverage is required, the buyers must have the consent of the Sellers before Shipment and the additional Premium is to be borne by the buyers.

(3) Quality/Quantity Discrepancy：In case of quality discrepancy, Claim should be filed by the Buyers within 3 months after the arrival of the goods at port of destination, while of quantity discrepancy, claim should be filed by the Buyers within 15 days after the arrival of the port of destinations. It is understood that the Sellers shall not be liable for any discrepancy of the goods shipped due to causes for which the Insurance Company, Shipping company, other transportation organization/or Post Office are liable.

(4) The Sellers shall not be held liable for failure or delay in delivery of the entire lot or a

portion of the goods under this Sales Confirmation on consequence of any Force Majeure incidents.

(5) The Buyers are requested always to quote The Number of This Confirmation in the Letter of Credit to be opened in favour of the Sellers.

(6) Arbitration: All disputes in connection with this contract or the execution there of Shall be Settled by negotiation between two parties. If no settlement can be reached, the case in dispute shall then be submitted for arbitration in the country of the defendant in accordance with the arbitration regulations of the arbitration organization of the defendant Country. The decision made by the arbitration organization shall be taken as final and binding upon both parties. The arbitration expenses shall be borne by the losing party unless otherwise awarded by the arbitration organization.

(7) The Buyers are requested to sign and return one copy of this S. C immediately after receipt of the same. Objection, if any, should be raised by the Buyers within five days after the receipt of this S. C in the absence of which it is understood that the Buyers have accepted the terms and conditions of the Sales confirmation.

The Sellers                    The Buyers

# 模块四　支付方式

## 一、实训目的要求

通过场景实训，理解国际贸易业务中常用结算方式(T/T、D/P 和 L/C)的特点和对进出口双方的利弊；学会分析选择结算方式应当考虑的因素；掌握常见结算方式的业务操作流程及相关单据的填制。

## 二、场景设计

### (一)信用证结算方式

进口商小组中选派两名同学，一名同学扮演单证员，负责办理申请开证手续；另一名同学扮演进口地银行国际结算部工作人员，负责办理开证业务。

出口商小组选派两名同学，一名同学扮演出口地银行国际结算部工作人员，负责审核信用证和通知信用证；另一名同学扮演出口商单证员，负责审核信用证。

### (二)电汇结算方式

进口商小组中选派两名同学，一名同学扮演财务部人员，负责办理申请汇款手续；另一名同学扮演汇出行(进口地银行)国际结算部工作人员，负责办理汇款业务。

出口商小组选派两名同学，一名同学扮演汇入行(出口地银行)国际结算部工作人员，负责汇款通知和解付；另一名同学扮演出口商财务部人员，负责领款。

### (三)托收结算方式

进口商小组中选派两名同学，一名同学扮演托收付款人，负责办理付款手续；另一名同学扮演代收行(进口地银行)国际结算部工作人员，负责办理代收货款业务。

出口商小组选派两名同学，一名同学扮演托收行(出口地银行)国际结算部工作人员，负责货款托收；另一名同学扮演出口商财务部人员，负责办理托收申请。

**注**：对于预付货款、支付定金和小额货款交易，经常采用 T/T 方式；对于大额货款交易，考虑到信用安全保障，多采用信用证结算方式，也可以采用几种方式混合的结算方式。学生可根据实际交易情况和商务谈判结果及合同约定，选择适宜的结算方式进行场景演练。

## 三、相关知识点

- 学生要完成这一环节的实训，需了解常见结算方式 T/T、D/P、L/C 的含义、特点、风险及当事人。
- 有关详细知识点，学生可参考下列资源：

《新编国际贸易实务》第六章"国际货款收付"(普通高等教育"十二五"规划教材，王涛生、吴建功等编著，科学出版社，2014 年)。

- 在这一实训环节,涉及的单证主要有:信用证申请书、信用证、信用证预审单、信用证通知书、信用证修改书等(信用证结算方式);境外汇款申请书、电汇回执、电汇通知书和付讫借记通知书(电汇结算方式下);托收委托书(托收结算方式下)。

- 有关单据填制的详细解释,学生可参考下列资源:

《国际贸易单证操作与解析》第四章"信用证催、审、改操作单证"和第12章"汇付和托收单证"(缪东玲编著,电子工业出版社,2011年);

《国际贸易单证实务》第三章"国际贸易结算方式"(吴国新、李元旭,清华大学出版社,2012年);

《国际商务单证实务》第一章"信用证"和第十章"信用证申请书"(余世明主编,暨南大学出版社,2014年)。

网络资源:福步外贸论坛(FOB Business Forum)|中国第一外贸论坛http://bbs.fobshanghai.com/,拓展阅读有关信用证、汇付、托收、结算方式等版块,了解实际外贸业务中具体操作及各种疑难点的处理办法。

(一)汇付的基本业务流程

1. 电汇

(1)概述

电汇(Telegraphic Transfer,T/T)是汇出行应汇款人的申请,拍发加押电报或电传(Tested Cable/Telex)或者通过SWIFT给国外汇入行,指示其解付一定金额给收款人的一种汇款结算方式。

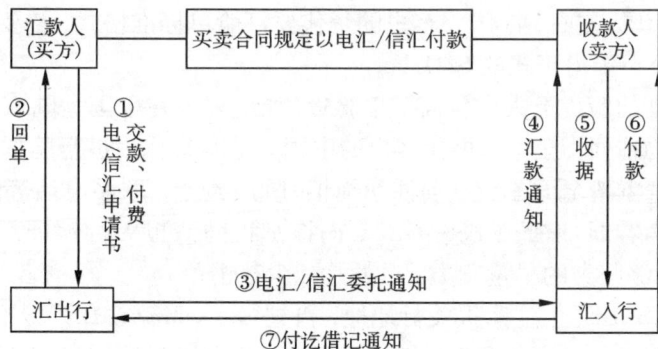

图 4-1 电汇/信汇业务程序示意图

电汇以电报、电传作为结算工具,安全迅速,费用也较高。由于电报电传的传递方向与资金的流向是相同的,因此电汇属于顺汇。

电汇是目前使用较多的一种汇款方式,其业务流程(如图4-1所示)是:先由汇款人电汇申请书并交款付费给汇出行,再由汇出行拍加押电报或电传给汇入行,汇入行给收款人电汇通知书,收款人接到通知后去银行兑付,银行进行解付,解付完毕汇入行发出借记通知书给汇出行,同时汇出行给汇款人电汇回执。

电汇时,由汇款人填写汇款申请书,并在申请书中注明采用电汇 T/T 方式。同时,将所汇款项及所需费用交汇出行,取得电汇回执。汇出行接到汇款申请书后,为防止因申请书中出现的差错而耽误或引起汇出资金的意外损失,汇出行应仔细审核申请书,不清楚的地方与汇款人及时联系。

汇出行办理电汇时,根据汇款申请书内容以电报或电传向汇入行发出解付指示。电文内容主要有:汇款金额及币种,收款人名称、地址或账号,汇款人名称、地址,附言,头寸拨付办法,汇出行名称或 SWIFT 地址等。为了使汇入行证实电文内容确实是由汇出行发出的,汇出行在正文前要加列双方银行所约定使用的密押(test key)。

汇入行收到电报或电传后,即核对密押是不是相符。若不符,应立即拟电文向汇出行查询;若相符,即缮制电汇通知书,通知收款人取款。收款人持通知书一式两联向汇入行取款,并在收款人收据上签章后,汇入行即凭以解付汇款。实务中,如果收款人在汇入行开有账户,汇入行往往不缮制汇款通知书,仅凭电文将款项收入收款人账户,然后给收款人一收账通知单,也不需要收款人签具收据。最后,汇入行将付讫借记通知书(Debit Advice)寄给汇出行。

电汇中的电报费用由汇款人承担,银行对电汇业务一般均当天处理,不占用邮递过程的汇款资金,所以,对于金额较大的汇款或通过 SWIFT 或银行间的汇划,多采用电汇方式。

(2)外贸电汇结汇 T/T 实际业务流程

①接到国外客户的订单;做形式发票传国外客户,国外客户回签;做生产单传国内客户,国内客户回签。

②向国外客户要回唛头、彩图、条形码,把唛头、彩图、条形码传给国内客户;紧追国内客户进行生产。

③在离船期10天左右,向国外客户的货代要订舱单标准格式,按要求填好之后返传船公司订舱;船公司传出正式的 S/O。

④一般是自己的验货员去供应商厂里验货(如果客户在中国大陆有验货代表一般是要求供应商把货物拖回本公司,再让客户的中国大陆验货代表进行验货)。

⑤把 S/O 传给拖车行(在 S/O 前注明拖柜时间、地点、联系电话等前往拖柜)。

⑥做出报关内容即"FAX MESSAGE",向拖车行问清报关行地址,以方便外贸公司寄出全套单据(能够归类的尽量归类,目的是减少核销单)。

在"FAX MESSAGE"上注明报关行地址,再把"FAX MESSAGE"传给外贸公司,同时给厂家下"装柜通知";装完柜之后,把柜号、封条号等资料填好,(需要熏蒸的货物,把熏蒸格式填好)再传给报关行,进行报关。

⑦做出 FORM A,把 FORM A 传给外贸公司。

⑧做装船通知传给客户。

⑨要回报关单,加上开具增值税专用发票申请表,交给财务会计。

⑩做提单补料传给船公司;外贸公司反传正式 FORM A;准备装船通知、产地证明(FORM A)、提单、发票、装箱单,有时有消毒熏蒸证书,一起传给国外客户,要求国外客户付款;把提单、DEBIT NOTE(水单)的复印件交给财务,财务付完 DEBIT NOTE 的费用以后,船公司放行原始提单,本人再把以上原始单据直接寄给国外客户,以便国外客

户提货。

使用电汇方式，首先卖方需要在汇入行开立银行账户，向国外买方提供汇款路线；汇款人填写电汇申请书，交款付费给汇出行，取得电汇回执；汇出行发加押电报或电传给汇入行，并将电报证实书寄给汇入行，以便核实电文；汇入行收到电报，核对密押，缮写电汇通知书，通知收款人取款；收款人持通知书到汇入行取款，在收款人收据上盖章，交汇入行，汇入行凭以支付汇款；汇入行将付讫借记通知书寄给汇出行。

2. 票汇基本业务流程

如图4-2所示，票汇基本业务流程如下：

①汇款人填写票汇申请书，并交款付费给银行。

②汇出行根据申请书开立银行即期汇票给汇款人。

③汇出行开立汇票后，将汇款通知书邮寄给国外汇入行。

④汇款人亲自邮寄银行即期汇票给收款人。

⑤收款人将汇票背书后交给汇入行请求取得货款。

⑥汇入行核对汇票与票根无误后付款给收款人。

⑦汇入行将付讫借记通知书寄给汇出行。

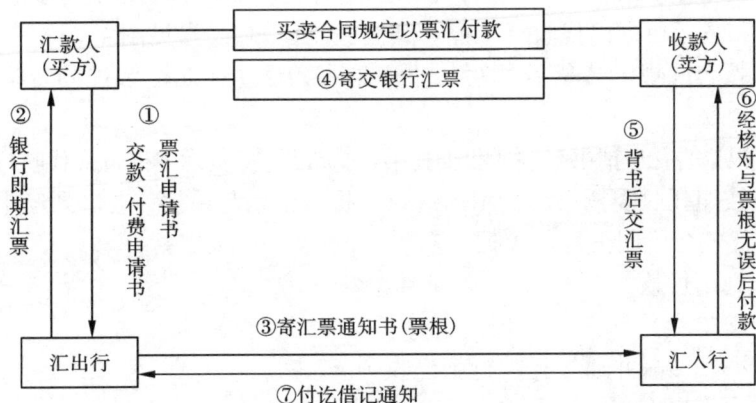

**图4-2 票汇业务程序示意图**

(二)托收基本业务流程

1. 即期付款交单

如图4-3所示，即期付款交单的基本业务流程如下：

①出口人按照合同规定装货并取得货运单据后，填写托收申请书，开出即期汇票，连同货运单据交托收行，委托代收货款。

②托收行根据托收申请书缮制托收委托书连同汇票、货运单据，寄交进口地代收行。

③代收行收到汇票及货运单据，即向进口人做付款提示。

④进口人审单无误后付款。

⑤代收行交单。

⑥代收行通知托收行款已收妥,办理转账业务。

⑦托收行向出口人交款。

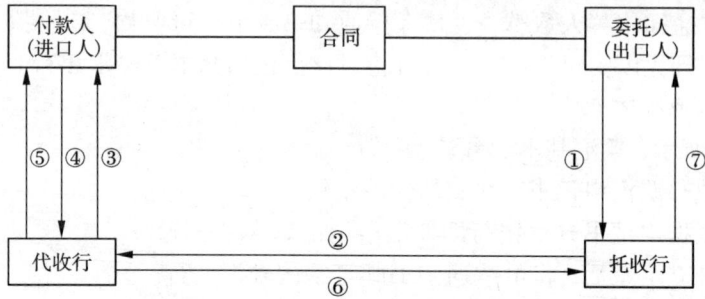

图4-3　即期付款交单业务程序示意图

2.远期付款交单

远期付款交单(D/P at…days after sight)是由出口人通过银行向进口人提示汇票和货运单据,进口人即在汇票上承兑,并于汇票到期日付款后向银行取得单据。在汇票到期付款前,汇票和货运单据由代收行掌握。其业务流程如下(参见图4-4):

①出口人按合同规定装货后填写托收申请书,开立远期汇票连同货运单据交托收行,委托代收货款。

②托收行根据委托申请书缮制托收委托书,连同汇票、货运单据寄交代收行委托代收。

③代收行按照托收委托书的指示向进口人提示汇票与单据,进口人经审核无误在汇票上承兑后,代收行收回汇票与单据。

④进口人到期付款。

⑤代收行交单。

⑥代收行办理转账并通知托收行款已收到。

⑦托收行向出口人交款。

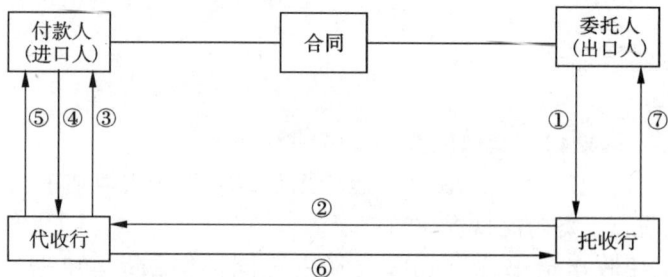

图4-4　远期付款交单业务程序示意图

### 3. 承兑交单

承兑交单业务流程如下(参见图4-5):

①出口人按合同规定装货并取得货运单据后,填写托收申请书,声明"承兑交单",开出远期汇票连同货运单据交托收行,委托代收货款。

②托收行根据托收申请书缮制托收委托书连同汇票、货运单据寄交进口地代收银行委托代收。

③代收行按照托收委托书的指示向进口人提示汇票与单据,进口人在汇票上承兑,代收行在收回汇票的同时,将货运单据交给进口人。

④进口人到期付款。

⑤代收行办理转账并通知托收款已收到。

⑥托收行向出口人交款。

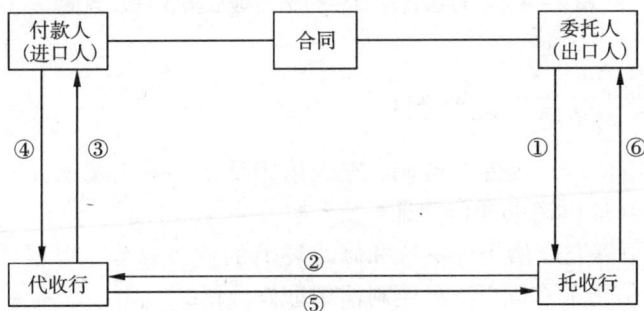

**图4-5 承兑交单业务程序示意图**

## (三)信用证

以不可撤销跟单议付信用证支付的业务流程为例,信用证支付的基本业务流程如下(参见图4-6):

①进口方向当地银行提出申请,填写开证申请书,缴纳押金或提供其他担保,请开证行开证。

②开证行根据开证申请书内容,向出口方开出信用证,并寄发给通知行请其通知受益人。

③通知行核对印鉴或密押无误后,将信用证通知受益人。

④出口人审核信用证与合同相符后,按信用证规定装运货物,并备齐信用证所要求单据,开立汇票,在信用证有效期内送交当地银行请求议付;议付行按信用证条款审核单据无误后,按照汇票金额扣除利息,把货款垫付给受益人。

⑤议付行将汇票和货运单据寄给开证行或其指定的付款行索偿。

⑥开证行或其指定的付款行审核单据无误后,付款给议付行。

⑦开证行通知开证申请人付款赎单,开证申请人验单无误后付清货款;开证行把全套货运单据交给开证申请人。

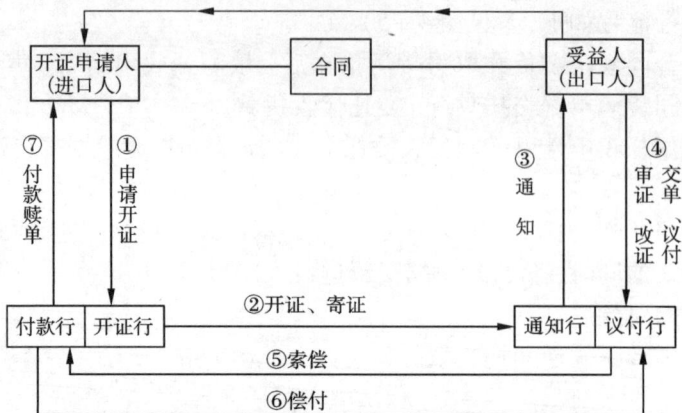

**图 4 – 6　不可撤销跟单议付信用证业务流程示意图**

## 四、实训任务(以信用证为例)

(1)进口商小组认真阅读外贸合同,完成信用证申请和开立环节的业务操作,准备好相关资料,填制开证申请书和信用证。

(2)出口商小组需完成信用证审核和修改环节的业务操作,根据合同认真审核对方开来的信用证,如信用证有问题,需填制信用证修改函。

## 五、实训步骤(以信用证为例)

### (一)进口商申请开证

进口商填制信用证申请书,准备相关资料,缴纳开证手续费和押金,向进口地银行(开证行)提交信用证申请书。

## [开证申请书范本]

### IRREVOCABLE DOCUMENTARY CREDIT APPLICATION

| | |
|---|---|
| TO： City National Bank of Florida | Date：MAY 25, 2015 |
| □Issue by airmail　　□With brief advice by teletransmission<br>□Issue by express delivery | Credit No. |
| ☒ Issue by teletransmission ( which shall be the operative instrument) | Date and place　　JULY 30, 2015<br>of expiry　　　　IN CHINA |
| Applicant<br><br>FISA KARTOTECNICA, SPA<br>Ridgewood Ave. , Suite, Port Orange, Florida, USA | Beneficiary ( Full name and address)<br>Createx Clothing International Limited South Gate, Fengting Town, Xianyou County, Fujian, China |

续上表

| Advising Bank<br><br>BANK OF CHINA FUZHOU BRANCH | Amount<br><br>USD120,000.00<br>SAY U. S. DOLLARS ONE HUNDRED AND TWENTY THOUSAND ONLY |
|---|---|

| Partial shipments<br>□allowed ☒ not allowed | Transshipment<br>□allowed ☒ not allowed | Credit available with<br>ANY BANK<br>By<br>□sight payment □acceptance<br>☒ negotiation<br>□deferred payment at<br>against the documents detailed herein<br>☒ and beneficiary's draft(s) for 100% of invoice value |
|---|---|---|
| Loading on board/dispatch/taking in charge at/from<br><br>XIAMEN<br><br>not later than　　　　JULY 15, 2015<br>For transportation to　　MIAMI | | |
| ☒ FOB　　□CFR　　□CIF<br>□or other terms | | at ＊＊＊＊ sight<br>drawn on City National Bank of Florida |

Documents required: (marked with ×)

1. ( × ) Signed commercial invoice in __3__ copies indicating L/C No. and Contract No.

2. ( × ) Full set of clean on board Bills of Lading made out to order and blank endorsed, marked "freight [ × ] to collect/[ ] prepaid [ ] showing freight amount" notifying THE APPLICANT WITH FULL NAME AND ADDRESS. ( ) Airway bills/cargo receipt/copy of railway bills issued by _____ _____ showing "freight [ ] to collect/[ ] prepaid [ ] indicating freight amount" and consigned to _____.

3. ( ) Insurance Policy/Certificate in _____ copies for _____% of the invoice value showing claims payable in _____ in currency of the draft, blank endorsed, covering All Risks, War Risks and _____.

4. ( × ) Packing List/Weight Memo in __3__ copies indicating quantity, gross and weights of each package.

5. ( ) Certificate of Quantity/Weight in _____ copies issued by _____.

6. ( ) Certificate of Quality in _____ copies issued by [ ] manufacturer/[ ] public recognized surveyor _____.

7. ( × ) Certificate of Origin in __2__ copies.

8. ( × ) Beneficiary's certified copy of fax / telex dispatched to the applicant within __1__ days after shipment advising L/C No., name of vessel, date of shipment, name, quantity, weight and value of goods.

Other documents, if any

续上表

| Description of goods： |
| --- |
| TRAVELLING BAG<br>COMFORTABLE FOAM BACK PANEL, REMOVABLE HIP BELT.<br>SIZE：13CM L * 9CM W * 18CM H<br>PACKING：1PC/BOX, 10PCS/CARTON<br>QUANTITY：<br>PRICE TERM：FOB FLORIDA |
| Additional instructions：<br><br>1.（×）All banking charges outside the opening bank are for beneficiary's account.<br><br>2.（×）Documents must be presented within <u>15</u> days after date of issuance of the transport documents but within the validity of this credit.<br><br>3.（　）Third party as shipper is not acceptable, Short Form/Blank back B/L is not acceptable.<br><br>4.（　）Both quantity and credit amount _____% more or less are allowed.<br><br>5.（　）All documents must be sent to issuing bank by courier/speed post in one lot.<br><br>　（　）Other terms, if any |

## （二）进口地银行开证

进口地银行国际结算业务部工作人员审核合同、信用证申请书，填制信用证，并通知进口商，由进口商同意后转发给出口地银行。

## ［信用证范本］

### THE ROYAL BANK OF CANADA
### BRITISH COLUMBIA INTERNATION CENTRE
### 1055 WEST GEORGIA STREET, VANCOUVER, B. C. V6E 3P3
### CANADA

| □CONFIRMATION OF TELEX/CABLE PER-ADVISED<br>TELEX NO. | | DATE：MAY 28, 2015<br>PLACE： |
| --- | --- | --- |
| IRREVOCABLE DOCUMENTARY CREDIT | CREDIT NUMBER：<br>01/0501 – FCT | ADVISING BANK'S REF. NO. |
| ADVISING BANK：<br>BANK OF CHINA FUZHOU BRANCH | APPLICANT：<br>FISA KARTOTECNICA, SPA<br>Ridgewood Ave. , Suite, Port Orange, Florida, USA | |
| BENEFICIARY：<br>Createx Clothing International Limited South Gate, Fengting Town, Xianyou County, Fujian, China | AMOUNT：<br>USD120, 000.00<br>SAY U. S. DOLLARS ONE HUNDRED AND TWENTY THOUSAND ONLY | |
| EXPIRY DATE：JULY 30, 2015 IN CHINA | | |

续上表

GENTLEMEN：
WE HEREBY OPEN OUR IRREVOCABLE LETTER OF CREDIT IN YOUR FAVOR WHICH IS AVAILABLE BY YOUR DRAFTS AT SIGHT FOR FULL INVOICE VALUE ON US ACCOMPANIED BY THE FOLLOWING DOCUMENTS：
+ SIGNED COMMERCIAL INVOICE AND 3 COPIED INDICATING L∕C No. AND CONTRACT No. .
+ PACKING LIST AND 3 COPIES INDICATING QUANTITY, GROSS AND WEIGHTS OF EACH PACKAGE.
+ ORIGINAL CERTIFICATE OF ORIGIN AND 2 COPIES ISSUED BY THE CHAMBER OF COMMERCE.
+ FULL SET OF CLEAN ON BOARD BILLS OF LADING MADE OUT TO ORDER AND BLANK ENDORSED, MARKED "FREIGHT TO COLLECT NOTIFYING THE APPLICANT WITH FULL NAME AND ADDRESS
+ BENEFICIARY'S CERTIFIED COPY OF FAX∕TELEX DISPATCHED TO THE APPLICANT WITHIN 1 DAY AFTER SHIPMENT ADVISING L∕C No. , NAME OF VESSEL, DATE OF SHIPMENT, NAME, QUANTITY, WEIGHT AND VALUE OF GOODS.
COVERING SHIPMENT PF：TRAVELLING BAG
COMFORTABLE FOAM BACK PANEL, REMOVABLE HIP BELT.
SIZE：13CM L ∗ 9CM W ∗ 18CM H
PACKING：1PC∕BOX, 10PCS∕CARTON
QUANTITY：
PRICE TERM：FOB FLORIDA
DETAILS IN ACCORDANCE WITH SALES CONTRACT XD023∕2015 DATED MAY, 20, 2006
[ × ]FOB∕ [ ]CFR∕[ ] CIF∕[ ]FAX TORONTO CANADA.

| SHIPMENT FROM | TO | LATEST | PARTIAL SHIPMENTS | TRANSSHIPMENT |
|---|---|---|---|---|
| XIAMEN | MIAMI | JULY 15, 2015 | PROHIBITED | PROHIBITED |

DRAFTS TO BE PRESENTED FOR NEGOTIATION WITHIN 15 DAYS AFTER SHIPMENT, BUT WITHIN THE VALIDITY OF CREDIT. ALL DOCUMENTS TO BE FORWARDED IN ONE COVER, BY AIRMAIL, UNLESS OTHERWISE STATED UNDER SPECIAL INSTRUCTION.

SPECIAL INSTRUCTION：ALL BANKING CHARGES OUTSIDE U. S. A. FOR ACCOUNT OF BENEFICIARY.
+ ALL GOODS MUST BE SHIPPED IN ONE 20'CY TO CY CONTAINER AND B∕L SHOWING THE SAME.
+ THE VALUE OF FREIGHT PREPAID HAS TO BE SHOWN ON BILLS OF LADING.
+ DOCUMENTS WHICH FAIL TO COMPLY WITH THE TERMS AND CONDITIONS IN THE LETTER OF CREDIT SUBJECT TO A SPECIAL DISCREPANCY HANDLING FEE OF US $35. 00 TO BE DEDUCTED FROM ANY PROCEEDS.

DRAFT MUST BE MARKED AS BEING DRAWN UNDER THIS CREDIT AND BEAR ITS NUMBER；THE AMOUNTS ARE TO BE ENDORSED ON THE REVERSE HERE OF BY NEG. BANK. WE HEREBY AGREE WITH THE DRAWERS, ENDORSERS AND FIDE HOLDER THAT ALL DRAFTS DRAWN UNDER AND IN COMPLIANCE WITH THE TERMS OF THIS CREDIT SHALL BE DULY HONORED UPON PRESENTATION.
**THIS CREDIT IS SUBJECT TO THE UNIFORM CUSTOMS AND PRACTICE FOR DOCUMENTARY CREDITS（2007 REVISION）BY THE INTERNATIONAL CHAMBER OF COMMERCE PUBLICATION NO. 600.**

Yours Very Truly,

David Jone | Joanne Hsan
AUTHORIZED SIGNATURE | AUTHORIZED SIGNATURE

（三）出口地银行通知信用证

出口地银行国际结算业务部工作人员审核信用证条款，制作信用证通知书，通知出口商。

## ［信用证通知书范本］

### BANK OF CHINA FUZHOU BRANCH
**Room 1203, Marine Tower, 1Pudong Avenue, Shanghai, China 200120**
**Phone（8621）6886 0008　Fax（8621）6886 0007　Telex 33528 MBTCH CN**

### 信用证通知书

日期：

MAIL TO：

Createx Clothing International Limited

L/C ORIGINAL AMOUNT：USD 570,000.00

L/C NO.：01/0501 - FCT

ISSUING BANK：

City National Bank of Florida

ISSUING DATE：MAY 28, 2015

Dear Sirs,

敬启者：

WE HAVE BEEN INFORMED BY THE AFOREMENTIONED BANK THAT THE ABOVE MENTIONED DOCUMENTARY CREDIT HAS BEEN ISSUED IN YOUR FAVOR. ENCLOSED PLEASE FIND THE DOCUMENTARY CREDIT RECEIVED.

THIS NOTIFICATION MUST BE PRESENTED WITH ALL DRAFTS/DOCUMENTS DRAWN TO THE U.C.P. FOR DOCUMENTARY CREDITS, I.C.C. NO.600.

兹通知贵司，我行收到上述银行信用证一份，现随附通知，贵司交单时，请将本通知及信用证一并提示。

UNLESS SPECIFICALLY STATED, THE DOCUMENTARY CREDIT IS ISSUED SUBJECT TO THE U.C.P. FOR DOCUMENTARY CREDITS, I.C.C. NO.600.

除非明确说明，本信用证之通知系遵循国际商会跟单信用证统一惯例第 600 号出版物办理。

PLEASE NOTE THAT THIS IS MERELY AN ADVICE AND CONVEYS NO ENGAGEMENT ON OUR PARTNOR CONSTITUTES A CONFIRMATION OF THIS CREDIT. WE SHALL BE PLEASED TO RENDER FURTHER SERVICE TO YOU PLEASE RETURN TO US THE ATTACHED RECEIPT DULY SIGNED FOR OUR RECORDS.

PLEASE LET US HAVE YOUR PAYMENT FOR TOTAL USD35.00 REPRESENTING FOLLOWING CHARGES：

如下所列的 35 美元的费用请您支付：

| | | |
|---|---|---|
| PRE-ADVICE FEE 通知费： | USD | 0. 00 |
| ADVICE COMMISSION 委托费： | USD | 25. 00 |
| CONFIRMATION COMMISSION 委托确认费： | USD | 0. 00 |
| CABLE FEES 电报费： | USD | 0. 00 |
| POSTAGE FEES 邮资： | USD | 10. 00 |
| OTHERS CHARGES 其他费用： | USD | 0. 00 |

IN SETTLEMENT, PLEASE CREDIT OUR USD A/C NO. 40303019433140101461 WITH BANK OF CHINA, SHANGHAI BRANCH OR CNY A/C NO. 044188 – 001943350I4 (FOR RMB EQUIVALENT) WITH BANK OF CHINA, PUDONG BRANCH, SHANGHAI UNDER ADVICE TO US


27：SEQUENCE OF TOTAL：1/1

40A：FORM OF DOCUMENTARY CREDIT　　　　　IRREVOCABLE

20：DOCUENTARY CREDIT NUMBER：

　　01/0501 – FCT

31C：DATE OF ISSUE：

　　　150528

31D：DATE AND PLACE OF EXPIRY：

　　JULY 30, 2015 IN CHINA

50：APPLICANT：

　　FISA KARTOTECNICA, SPA

　　Ridgewood Ave. , Suite, Port Orange, Florida, USA

59：BENEFICIARY-NAME & ADDRESS

　　Createx Clothing International Limited

　　South Gate, Fengting Town, Xianyou County, Fujian, China

32B：CURRENCY CODE, AMOUNT：

　　USD 120, 000. 00

41D：AVAILABLE WITH...BY...NAME&ADDRESS：

　　ANY BANK

42C：DRAFTS AT ... ：

　　SIGHT

42D：DRAWEE-NAME, ADDRESS：

　　ISSUING BANK

43P：PARTIAL SHIPMENTS：

　　NOT ALLOWED

43T：TRANSHIPMENT：

　　NOT ALLOWED

44A: ON BOARD/DISP/TAKING CHARGE AT/F:

XIAMEN

44B: FOR TRANSPORTATION TO MIAMI:

44C: LATEST DATE OF SHIPMENT:

150715

45A: DESCRIPTN OF GOODS &/OR SERVICE:

TRAVELLING BAG

COMFORTABLE FOAM BACK PANEL, REMOVABLE HIP BELT.

SIZE: 13CM L * 9CM W * 18CM H

PACKING: 1PC/BOX, 10PCS/CARTON

FOB XIAMEN

46A: DOCUMENTS REQUIRED:

+ SIGNED COMMERCIAL INVOICE AND 3 COPIED INDICATING L/C No. AND CONTRACT No. .

+ PACKING LIST AND 3 COPIES INDICATING QUANTITY, GROSS AND WEIGHTS OF EACH PACKAGE.

+ ORIGINAL CERTIFICATE OF ORIGIN AND 2 COPIES ISSUED BY THE CHAMBER OF COMMERCE.

+ FULL SET OF CLEAN ON BOARD BILLS OF LADING MADE OUT TO ORDER AND BLANK ENDORSED, MARKED "FREIGHT TO COLLECT NOTIFYING THE APPLICANT WITH FULL NAME AND ADDRESS

+ BENEFICIARY'S CERTIFIED COPY OF FAX/TELEX DISPATCHED TO THE APPLICANT WITHIN 1 DAY AFTER SHIPMENT ADVISING L/C NO. , NAME OF VESSEL, DATE OF SHIPMENT, NAME, QUANTITY, WEIGHT AND VALUE OF GOODS.

47A: ADDITIONAL CONDITIONS:

71B: CHARGES:

ALL BANK CHARGES OUTSIDE THE U. S. A. INCLUDING REIMBURSEMENT FEE ARE FOR BENEFICIARY'S ACCOUNT

49: CONFIRMATION INSTRUCTIONS:

WITHOUT

53D: REIMBURSING BANK-NAME & ADDRESS:

78: INST TO PAYG/ACCPTG/NEGOTG BANK:

CABLE ADVISE US AMOUNT AND DATE OF NEGOTIATION INDICATING THE PRINCIPAL AMOUNT AND BANK CHARGES (IN DETAILED) IF ANY DISCREPANCY FEE OF USD 50. 00 (FOR DISCREPANT DOCUMENTS) PLUS ISSUING BANK'S COLLECTION CHARGES (FOR DOCUMENTS SENT ON COLLECTION/APPROVAL BASIS) WILL BE DEDUCTED FROM THE PROCEEDS OF ANY DRAWINGS. THESE CHARGES ARE FOR BENEFICIARY'S ACCOUNT EVEN IF THE L/C STIPULATES THAT ALL

CHARGES ARE FOR THE APPLICANT'S ACCOUNT. REMIT DOCUMENTS IN TWO LOTS BY DHL OR OTHER COURIER CERTIFYING THAT THE TERMS AND CONDITIONS OF THE CREDIT HAVE BEEN COMPLIED WITH. THE REIMBURSING BANK HOLDS SPECIAL REIMBURSEMENT INSTRUCTIONS TO THIS LETTER OF CREDIT.

57D：ADVISE THROUGH BANK-NAME&ADDR：

BANK OF CHINA FUZHOU BRANCH

72：SENDER TO RECEIVER INFORMATION：

REIMBURSEMENT CLAIMS ARE SUBJECT TO ICC URR 525. WE HEREBY AUTHORIZE YOU TO HONOR REIMBURSEMENT CLAIMS FROM THE NEGOTIATING BANK PROVIDED ALL TERMS AND CONDITIONS ARE COMPLIED.

（四）出口商审证并通知进口商改证

出口商审核信用证条款，如果发现问题，用英文撰写信用证修改函，通知进口商修改信用证。

出口商对照合同条款逐项审核信用证，审核重点主要包括以下内容：

1. 申请人（applicant）的公司名称和地址

申请人一般为买方，也可能是买方的客户或买方委托的开证人。

2. 受益人（beneficiary）的公司名称和地址

受益人应为卖方，逐字审核受益人的名称和地址是否有拼写错误，是否有遗漏字词。因为基本上所有的单据上都会出现受益人的名称和地址，特别是一些国家机构出具的证书上，由于已经事先备案而无法更改，哪怕是一个字母出现错误，都会导致单证不符。

3. 币种和金额（currency and amount）

原则上来证的币种和金额应该与合同相符。审核信用证金额是否与合同规定一致；单价与总值要准确，数字表述和大写表述要一致；如果合同中有溢短装条款，数量上可以有一定幅度的伸缩，那么信用证也应相应规定支付额度允许有一定幅度伸缩；如果信用证金额因含折扣或佣金与合同不一致，应核算来证的净值是否与合同的净值相一致；如果使用了"大约"一词表示信用证金额或信用证规定的数量或单价时，根据 UCP600 的规定，应解释为允许有关金额或数量或单价有不超过 10% 的增减幅度。特别要注意的是，本条款规定的伸缩度只限于两个常用词语——"约（about）和"大约（approximately）"。这一点不同于 UCP500 版本，以往常见的类似词语如"circa"、"roughly"、"nearly close to"、"around"等均已经没有了标准的解释。

4. 有效期和有效地（expiry）

根据 UCP600 规定，若信用证没有规定有效期，则视为无效信用证。所以，必须仔细审核信用证有效期是否明确合理，应尽量避免双到期（即装运期和信用证有效期为同一天）。到期地点应在受益人国内，否则有关单据必须寄往国外，而由于无法掌握单据到达国外银行所需的时间，单据容易延误或丢失，存在一定的风险。因此，若发现来证中的到期地点为国外，应要求对方修改。

5. 汇票条款和期限(available with…by…; drafts at…)

Available with 后接兑付银行, by 接兑付方式; drafts at 后是汇票期限。若兑付方式是 payment, 意为即期付款, 则汇票期限也应为即期的, 即 drafts at sight; 若兑付方式是 accept, 意味承兑付款, 则汇票应为远期的, 如 drafts at 30 days sight。

特别要注意假远期信用证。假远期信用证一般会规定远期付款, 但受益人可以到银行即期议付和贴现, 贴现手续费和利息由开证人支付。表面上看起来和即期付款类似, 但由于贴现行对受益人有追索权, 所以出口商要特别注意开证行的资信是否良好, 否则要警惕假远期信用证的风险。

6. 分批(partial shipment)和转运条款(transshipment)

如来证规定在某个港口转船, 或指定由某个船公司接转或在某港转装集装箱等, 应审核能否按来证要求办理, 避免额外的费用(如 ORC、THC)大量增加。来证规定的起运港口可以为中国港口(Chinese port)或亚洲港口(Asian port), 但不能使用中国内陆城市。信用证的转运期一般应规定为最迟(latest)某月某日, 如来证未规定装运期, 可理解为双到期。

检查装运期应注意: 能否在信用证规定的装运期内备妥有关货物并按期出运; 装运期应提前一定的时间, 以便有合理的时间来制单结汇, 如果实际装运期和交单期相距时间太短, 可能无法按期装运, 应联系开证人及时修改。在 SWIFT 格式中, 44C(the latest date of ship)和 31D(expiry)的时间间隔不能太短, 一般要求在 10 天以上, 而以 15 天左右为适宜。因为货物上船以后, 校对和领取提单需要一定的时间, 特别是如果受益人办公地点远离出口码头的时候。同时可以参照 48(presentation period)条款。通常 31D 条款时间加上 48 条款的时间就正好是 44C 的时限。

7. 货物描述(descriptions of the goods)

应逐字审核来证中的货物名称、货号、规格、包装、合同号、单价、数量、贸易术语等是否与合同一致。特别是有时候客户出于避税等目的, 喜欢在这个条款中将品名描述笼统化, 比如把猪二层革改为"皮革"。可是在做出口商检的时候, 国家商检局却不允许如此简化, 这样一来势必造成单证不符。因此要注意把握尺度, 如无法按照客户要求去做, 必须及时通知客户修改。

8. 单据要求(documents required)

信用证中对受益人的交单要求一般包括单据的种类、份数、内容制作要求和出具证书的机构要求等, 应仔细审核这些单据与合同相应条款是否一致、有无自相矛盾的地方、能否按要求及时出具单据。不同单据需重点注意的事项如下:

(1)商业发票(commercial invoice)。来证要求出具两份不同买主名称的商业发票时, 应要求改证。

(2)装箱单(packing list)。来证要求提供中性包装单(neutral packing list), 只需装箱单上不显示受益人名称和地址即可, 不必改证。

(3)提单(bill of lading, B/L)。如果合同中采用的贸易术语是 FOB, 提单应注明 FREIGHT COLLECT, 即运费到付; 如来证误写为 FREIGHT PREPAID, 即运费预付, 应要求开证申请人改证。

（4）保险单（insurance policy）。如果合同中采用的贸易术语是 FOB 或 CFR，应由进口商办理保险，不应该要求受益人出具保险单；来证要求保险单的保险条款、险别、保险加成、保险人和理赔人应当与合同一致。除非信用证另有规定，保险单据应当使用与信用证相同的货币。保险加成一般为10%，若加成高于30%且并非投保关税险，应征得保险公司同意，否则应要求开证申请人改证。

（5）产地证（certificate of origin）。来证要求指定由出入境检验检疫局或贸促会出具产地证的可以接受，但要求上述两家机构互相加具证明的不接受。

（6）普惠制产地证格式 A（generalized system of preferences certificate of origin FORM A，GSP）。出入境检验检疫局是我国签发普惠制产地证的唯一机构，来证指定其他机构如贸促会签发普惠制产地证，应要求改证；普惠制产地证通常只有一份正本两份副本，如果申请人要求一正三副，则应要求改证。

（7）品质证书（certificate of quality）和检验证书（inspection certificate）。如果要求国外机构出具证书，应要求改证；如果属于法定检验的商品，而来证要求由贸促会出证，应要求改证。

（8）受益人证明（beneficiary's certificate）。主要包括寄单证明、电抄本和履约证明等，应当是受益人可以做到的证明。

（9）装船通知（shipping advice）。来证规定在装运前若干天发装船通知并要求列明装运日期，应要求改证，改为装运后发送通知。

（10）海关发票（customs invoice）。如来证要求指定某种格式或编号的海关发票，应核查能否提供，否则应要求改证。

（11）领事发票（consular invoice）。来证规定要求提供领事发票，应核查能否提供，否则要求改证。

（12）交单期限（presentation of documents）。如来证没有要求，根据 UCP600 Article 14（c）规定，受益人须在不迟于发运日后的 21 个日历工作日内交单，但不得迟于信用证规定的有效期。应综合考虑下列因素对交单期的影响：生产及包装刷唛所需时间；内陆运输或集港运输所需时间；进行法定检验或商检所需时间；申领出口许可证、产地证所需时间；报关查验所需时间；船期安排情况；到商会和（或）领事馆办理认证或出具有关证明所需时间；申领检验证书，如 SGS 验货报告、OMIC LETTER、商检证等所需时间；编制、审核信用证规定单据所需时间；单据送交银行所需时间（包括单据退回所需时间）。

（13）费用条款（charges）。运费或检验费应事先协商一致，否则对于额外的费用原则上不予承担；银行费如事先未规定，应以双方共同承担为宜，一般规定为"除开证申请人国家以外的银行费用由受益人承担"，而规定为"除开证费之外的所有银行费用均由受益人承担"显失公允。

（14）其他。检查信用证规定的文件能否提供或及时提供；一些需要认证的单据特别是使馆认证能否及时办理和提供；其他机构或部门出具的有关文件（如出口许可证、运费收据、检验证明等）能否提供或及时提供；信用证中指定船龄、船籍、船公司或不准在某港口转船等条款等能否做到；检查信用证中有无软条款或陷阱条款；检查信用证中有无矛盾之处，例如，空运却要求提供海运提单，采用 FOB 却要求受益人提供保险单；检查信用证通知方式是否安全、可靠。

（15）信用证中的"软条款"（soft clause），也称为"陷阱条款"（pitfall clause），是在不可撤销信用证中加列的一种条款，该条款可使出口商不能如期发货，根据此条款开证申请人或开证行具有单方面随时解除付款责任的主动权，即买方完全控制整笔交易，受益人则处于受制于人的地位。这种信用证实际变成了可以随时撤销或永远无法生效的信用证，开证行保证付款的性质完全丧失。带有此种条款的信用证实质上是变相的可撤销信用证，极易造成单证不符而遭开证行拒付。买方凭借信用证"软条款"还可以骗取卖方的保证金、质押金、履约金等。

①信用证软条款的主要特征。信用证中的软条款具有极大的隐蔽性，主要有以下特征：

- 开证金额较大；
- 来证含有制约受益人权利的"软条款"；
- 证中交易货物一般为大宗建筑材料和包装材料，如花岗石、鹅卵石、铸铁井盖、木箱和纤维袋等；
- 买方要求出口企业按合同或信用证金额的 5%～15% 预付履约金、佣金、质保金等给买方指定代表或中介人。
- 买方一旦获得履约金、佣金或质保金，就借故刁难，拒绝签发检验证书，或不通知装船，使得出口商无法取得全套单据议付。

②出口商审核信用证，要注意以下常见"软条款"：

- 开证申请人（买方）通知船公司、船名、装船日期、目的港、验货人等，受益人才能装船。此条款使卖方装船完全由买方控制。
- 信用证开出后暂不生效，待进口许可证签发后通知生效，或待货样经申请人确认后生效。此类条款使出口货物能否装运，完全取决于进口商，出口商则处于被动地位。出口商见信用证才能投产，生产难安排，装期紧，出运有困难。
- 1/3 正本提单径直寄开证申请人。买方可能持此单先行将货提走。
- 记名提单，承运人可凭收货人合法身份证明交货，不必提交本提单。
- 信用证到期地点在开证行所在国，有效期在开证行所在国，使卖方延误寄单，单据寄到开证行时已过议付有效期。
- 信用证限制运输船只、船龄或航线等条款。
- 含空运提单的条款，提货人签字就可提货，不需交单，货权难以控制。有的信用证规定提单发货人为开证申请人或客户，可能被不法商人利用此特殊条款进行无单提货。
- 品质检验证书须由开证申请人或其授权者签发，由开证行核实，并与开证行印鉴相符。采用买方国商品检验标准，此条款使得卖方由于采用本国标准，而无法达到买方国标准，使信用证失效。
- 收货收据须由开证申请人签发或核实。此条款使买方拖延验货，使信用证失效。
- 自相矛盾，既规定允许提交联运提单，又规定禁止转船。
- 规定受益人不易提交的单据，如要求使用 CMR 运输单据（我国没有参加《国际公路货物运输合同公约》，所以我国的承运人无法开出"CMR"运输单据）。

- 一票货物，信用证要求就每个包装单位分别缮制提单。
- 设置质量检验证书障碍，伪造质检证书。
- 本证经当局（进口国当局）审批才生效，未生效前，不许装运。
- 易腐货物要求受益人先寄一份提单，持此单可先行提货。
- 货款须于货物运抵目的地经外汇管理局核准后付款。
- 卖方议付时需提交买方在目的港的收货证明。
- 产地证书签发日晚于提单日期，这会被怀疑未经检验，先装船，装船后再检验。
- 延期付款信用证下受益人交单在先，银行付款在后。风险大，应加具保兑。
- 不接受联合发票，进口国家拒绝接受联合单据。
- 信用证规定指定货代出具联运提单，当一程海运后，二程境外改空运，容易被收货人不凭正本联运提单提货。
- 信用证规定受益人在货物装运后如不及时寄 1/3 提单，开证申请人将不寄商检证，使受益人难以议付单据。

（五）确认

进口商按要求修改信用证，再按前述流程通知出口商确认。

## 六、考核与评价

| 序号 | 考核内容 | 评价标准 | | | | |
|---|---|---|---|---|---|---|
| | | 优 | 良 | 中 | 合格 | 不合格 |
| 1 | 业务流程 | 业务流程是否熟练，业务办理所需资料准备是否齐全。 | | | | |
| 2 | 单据制作 | 单据制作的完整性、准确性和规范性，对单据和合同之间的关系是否理解准确。 | | | | |
| 3 | 团队分工与合作 | 团队分工合作是否明确，团队配合是否高效。 | | | | |

## 七、拓展知识：外贸常用的电子支付方式

在外贸领域，电汇（T/T）和电开信用证（SWIFT）实际上都属于电子支付方式。随着网络金融和电子商务的发展，越来越多的外贸公司开始使用新的支付方式，如西联汇款、速汇金、信用卡支付、paypal 等。

如果是做国内电商，收款方式不外乎支付宝、财付通等，而且不用担心手续费、安全性、即时性等。但是把国内电商范围扩大至跨境电商，收汇款方式就变得不那么简单了，需要考虑很多问题，不同收汇款方式差别还很大，它们都有各自的优缺点和适用范围。那么哪种支付方式最适合你呢？

（一）电汇

（1）费用：各自承担所在地的银行费用。买家银行会收取一道手续费，由买家承担；卖家公司的银行有的也会收取一道手续费，就由卖家来承担。根据银行的实际费率计算。

（2）优点：收款迅速，几分钟到账；先付款后发货，保证商家利益不受损失。

（3）缺点：先付款后发货，外商容易产生不信任感；客户群体小，限制商家的交易量；数额比较大的，手续费高。

（4）适用范围：电汇是传统的 B2B 付款模式，适合大额的交易付款。

（二）西联（western union）

西联是西联国际汇款公司的简称，是世界上领先的特快汇款公司，可以在全球大多数国家的西联代理所在地汇出和提款。西联手续费由买家承担。需要买卖双方到当地银行实地操作。在卖家未领取款项前，买家随时可以将支付出来的资金撤回去。

（1）费用：西联手续费由买家承担。

（2）优点：手续费由买家承担；对于卖家来说最划算，可先提钱再发货，安全性好；到账速度快。

（3）缺点：由于对买家来说风险极高，买家不易接受；买家和卖家需要去西联线下柜台操作；手续费较高。

（4）适用范围：1 万美金以下的小额支付。

3. Money Gram

速汇金汇款是 Money Gram 公司推出的一种快捷、简单、可靠及方便的国际汇款方式，目前该公司在全球 150 个国家和地区拥有总数超过 50000 个的代理网点。收款人凭汇款人提供的编号即可收款。

（1）费率：单笔速汇金最高汇款金额不得超过 10000 美元（不含），每天每个汇款人的速汇金累计汇出最高限额为 20000 美元（不含）。

（2）优势：速汇金汇款在汇出后十几分钟即可到达收款人手中；在一定的汇款金额内，汇款的费用相对较低，无中间行费，无电报费；手续简单，汇款人无需选择复杂的汇款路径，收款人无须预先开立银行账户，即可实现资金划转。

（3）缺点：汇款人及收款人均必须为个人；必须为境外汇款；通过我国银行速汇金进行境外汇款的，必须符合国家外汇管理局对于个人外汇汇款的相关规定；客户如持现钞账户汇款，还需交纳一定的钞变汇的手续费。国内目前有工行、交行、中信银行三家代理了速汇金收付款服务。

4. paypal

（1）费率：2.9% ~ 3.9%。

（2）费用：无开户费及使用费；每笔收取 0.3 美元银行系统占用费；提现每笔收取 35 美元；如果跨境每笔收取 0.5% 的跨境费。

（3）优点：国际付款通道满足了部分地区客户付款习惯；账户与账户之间产生交易的方式，可以买可以卖，双方都拥有；在美国 EBAY 旗下，国际知名度较高，尤其受美国用户信赖。

（4）缺点：paypal 用户消费者（买家）利益大于 paypal 用户卖家（商户）的利益，双方权利不平衡；电汇费用，每笔交易除手续费外还需要支付交易处理费；账户容易被冻结，商家利益受损失，很多做外贸的朋友都遇到过。

（5）适用范围：跨境电商零售行业，几十到几百美金的小额交易更划算。

5. cashpay

（1）费率：2.5%。

（2）费用：无开户费及使用费；无提现手续费及附加费。

（3）优点：加快偿付速度（2~3天），结算快；支持商城购物车通道集成；提供更多支付网关的选择，支持客户喜欢的币种提现。

（4）缺点：刚进入中国市场，国内知名度不高。

（5）安全性：有专门的风险控制防欺诈系统 Cashshield 并且一旦出现欺诈100%赔付。降低退款率，专注客户盈利、资料数据更安全。

（6）特点：安全，快速，费率合理，PCI DSS 规范，是一种多渠道集成的支付网关。

6. Moneybookers

（1）费用：从银行上载资金免费；从信用卡上载资金：3%；发钱：1%（直到0.50）；取钱到银行：固定费用1.80；通过支票取钱：固定费用3.50。

（2）优点：安全，因为是以 E-Mail 为支付标识，付款人将不再需要暴露信用卡等个人信息；客户必须激活认证才可以进行交易；只要有收款人的电子邮箱地址就可以发钱给他；可以通过网络实时进行收付费。

（3）缺点：不允许客户多账户，一个客户只能注册一个账户；目前不支持未成年人注册，需年满18岁才可以。

（4）安全性：登录时以变形的数字作为登录手续，以防止自动化登录程序对客户账户的攻击；只支持高的安全–128位加密的行业标准。

7. Payoneer

Payoneer 是一家总部位于纽约的在线支付公司，主要业务是帮助其合作伙伴将资金下发到全球，其同时也为全球客户提供美国银行/欧洲银行收款账户用于接收欧美电商平台和企业的贸易款项。

（1）优点：其一，便捷，中国身份证即可完成 Payoneer 账户在线注册，并自动绑定美国银行账户和欧洲银行账户。其二，合规，像欧美企业一样接收欧美公司的汇款，并通过 Payoneer 和中国支付公司的合作完成线上的外汇申报和结汇。其三，便宜，电汇设置单笔封顶价，人民币结汇最多不超过2%。

（2）适用人群：单笔资金额度小但是客户群分布广的跨境电商网站或卖家。

8. 信用卡收款

跨境电商网站可通过与 Visa、MasterCard 等国际信用卡组织合作，或直接与海外银行合作，开通接收海外银行信用卡支付的端口。

（1）优点：是欧美最流行的支付方式。信用卡的用户人群非常庞大。

（2）缺点：接入方式麻烦，需预存保证金，收费高昂，付款额度偏小。黑卡蔓延，存在拒付风险。

（3）适用范围：从事跨境电商零售的平台和独立 B2C。目前国际上五大信用卡品牌 Visa，Mastercard，America Express，Jcb，Diners club，其中前两个为大家广泛使用。

## [境外汇款申请书范本]

境 外 汇 款 申 请 书
ICATION FOR FUNDS TRANSFERS (OVERSEAS)

致：中国银行
TO:　BANK OF CHINA

日期
Date

□电汇 T/T　□票汇 D/D　□信汇 M/T　发电等级 Priority　□普通 Normal　□加急 Urgent

| 申报号码　BOP Reporting No. | □□□□□□ | □□□□ | □□ | □□□□□□ | □□□□ |
|---|---|---|---|---|---|

| 20 | 银行业务编号 Bank Transac. Ref. No. | | 收电行/付款行 Receiver / Drawn on | |
|---|---|---|---|---|
| 32A | 汇款币种及金额 Currency & Interbank Settlement Amount | | 金额大写 Amount in Words | |

| 其中 | 现汇金额 Amount in FX | | 账号 Account No./Credit Card No. | |
|---|---|---|---|---|
| | 购汇金额 Amount of Purchase | | 账号 Account No./Credit Card No. | |
| | 其他金额 Amount of Others | | 账号 Account No./Credit Card No. | |

| 50a | 汇款人名称及地址 Remitter's Name & Address | |
|---|---|---|

□对公 组织机构代码 Unit Code □□□□□□□□-□　□对私　个人身份证件号码　Individual ID NO.
□中国居民个人 Resident Individual　□中国非居民个人 Non-Resident Individual

| 54/56a | 收款银行之代理行 名称及地址 Correspondent of Beneficiary's Bank Name & Address | |
|---|---|---|
| 57a | 收款人开户银行名称及地址 Beneficiary's Bank Name & Address | 收款人开户银行在其代理行账号　Bene's Bank A/C No. |
| 59a | 收款人名称及地址 Beneficiary's Name & Address | 收款人账号 Bene's A/C No. |

| 70 | 汇款附言 Remittance Information | 只限140个字位 Not Exceeding 140 Characters | 71A | 国内外费用承担 All Bank's Charges If Any Are To Be Borne By |
|---|---|---|---|---|
| | | | | □汇款人 OUR　□收款人 BEN　□共同 SHA |

收款人常驻国家(地区)名称及代码 Resident Country/Region Name & Code　□□□

请选择：□ 预付货款 Advance Payment □ 货到付款 Payment Against Delivery □ 退款 Refund □ 其他 Others　最迟装运日期

| 交易编码 BOP Transac. Code | □□□□□□ □□□□□□ | 相应币种及金额 Currency & Amount | | 交易附言 Transac.Remark | |
|---|---|---|---|---|---|

本笔款项是否为报税货物项下付款　□是　□否　合同号　　　发票号

外汇局批件/备案表号/业务编号

| 银行专用栏 For Bank Use Only | 申请人签章 Applicant's Signature | 银行签章 Bank's Signature |
|---|---|---|
| 购汇汇率 @ Rate | 请按照贵行背页所列条款代办以上汇款并进行申报 Please Effect The Upwards Remittance, Subject To The Conditions Overleaf: | |
| 等值人民币 RMB Equivalent | | |
| 手续费 Commission | | |
| 电报费 Cable Charges | | |
| 合计 Total Charges | 申请人姓名 Name of Applicant | 核准人签字 Authorized Person |
| 支付费用方式 In Payment of the Remittance　□现金 by Cash　□支票 by Check　□账户 from Account | 电话 Phone No. | 日期 Date |
| 核印 Sig. Ver. | 经办 Maker | 复核 Checker |

填写前请仔细阅读各联背面条款及填报说明
Please read the conditions and instructions overleaf before filling in this application

## ［托收委托书范本］

# 出口托收委托书

致：中国建设银行股份有限公司＿＿＿＿行：

兹随附下列出口托收单据一套，请按国际商会《托收统一规则》（第 522 号出版物）办理托收业务。

| 代收行(若空白，由贵行选择)： | 委托人： |
|---|---|
| 付款人： | 托收金额： |
| 发票号码： | 核销单编号： |

| 单据 | 汇票 | 发票 | 海运提单 | 空运提单 | 保险单 | 装箱单 | 产地证 | G.S.P FORM A | 检验/分析证 | 受益人证明 | 装船通知 | | |
|---|---|---|---|---|---|---|---|---|---|---|---|---|---|
| 份数 | | | | | | | | | | | | | |

**委托事项：请依照下列标有"×"的内容**

☒请贵行要求代收行：　□付款交单(D/P)　□承兑交单(D/A) DAYS　□
□上述托收款项收妥后：
　　　□请结汇划至开户行：＿＿＿＿＿＿＿＿＿＿　账号：＿＿＿＿＿＿＿＿＿＿
　　　□请原币划至开户行：＿＿＿＿＿＿＿＿＿＿　账号：＿＿＿＿＿＿＿＿＿
□请贵行对上述单据办理出口托收贷款，出口托收贷款金额＿＿＿＿＿＿＿，比例为托收金额的＿＿＿％。
　　　□愿与贵行签订单笔使用的出口托收项下《出口托收贷款合同》。
　　　□请支用我公司与贵行签订的编号为＿＿＿＿＿＿＿＿＿字第＿＿＿号《贸易融资额度合同》项下的出口托收贷款额度。
　　　请贵行将出口托收贷款款项：
　　　□结汇划至开户行：＿＿＿＿＿＿＿账号：＿＿＿＿＿＿＿＿＿＿
　　　□原币划至开户行：＿＿＿＿＿＿＿账号：＿＿＿＿＿＿＿＿＿
□贵行费用由我公司承担。
□贵行费用由付款人承担　□可放弃　□不可放弃
□请贵行通知我公司汇票到期日。
□若付款人拒绝付款/承兑，请立即通知我公司并说明原因。
□寄单方式：□DHL　□EMS　□快邮　□航邮　□
□其他：

公司公章

| 公司联系人： | 联系电话：　　　　　年　　月　　日 |
|---|---|
| 银行签收人： | 签收日期： |
| 银行复审记录： | |

# 模块五　运输

## 一、实训目的要求

通过场景实训，掌握货物托运的各个业务环节、运费的核算、租船订舱步骤，能审核提单和缮制装船通知，了解货运代理的业务范围。

## 二、场景设计

出口方业务员一名、货运代理业务员一名、船长或大副一名。

## 三、相关知识点

（一）货代业务范围

1. 出口货代业务范围

就出口方面而言，货代可以提供的服务项目有：

①选择运输路线、方式和适当的承运人；

②为货主和选定的承运人之间安排揽货、订舱；

③包装、计量和储存货物；

④办理保险；

⑤收取货物并签发有关单据；

⑥办理出口结关手续并将货物交给承运人；

⑦支付运费，收取正本提单并交给发货人；

⑧安排货物转运；

⑨通知收货人；

⑩记录货物灭失情况，协助收货人向有关责任方索赔。

2. 进口货代业务范围

就进口方面而言，货代可以提供的服务项目有：

①报告货物动态；

②接收和审核货运单据，支付运费并提货；

③进口报关，支付有关税、费；

④安排运输过程中的存仓；

⑤向收货人交付已结关的货物；

⑥协助收货人储存和分拨货物。

（二）海运托运操作流程

1. 托运

①托运人提供：箱型、箱量、目的港、出运时间、货物品名（美国线必须报品名）。

②托运双方确定海运价后，若要委托装箱，货运公司向货主问明装箱方式，主要有厂地装箱(托运人提供工厂地址)和仓库装箱(货运公司向托运人提供仓库地址)两种装箱方式。

③货运公司与托运人签订货物出运委托书。

(2)订舱

货运公司把货物情况提供给船公司，与船公司确定价格。向运输公司订舱时，一定要根据委托人的委托书内容向船公司或其代理填送集装箱货物托运单，办理订舱手续。一般班轮船期是每周一班，托运人应该提早订舱，按照运输公司安排的时间进仓，太早和太晚都会产生超期存放费用。船公司接收订舱后，告知船名、船期、提单号。

(3)装箱

①仓库装箱。货运公司把船名、提单号通知仓库，凭介绍信去船公司集装箱堆场提取空箱，待货主送货后装箱。

②厂地装箱。货运公司提箱后，根据托运人提供的工厂地址装箱。

3.班轮运费的计算方法

详见《新编国际贸易实务》第三章"国际货物运输"(普通高等教育"十二五"规划教材，王涛生、吴建功等编著，科学出版社，2014 年版)。

4.装船出运步骤

(1)报关后装载

集装箱报关后，船公司将集装箱装到船上。如果忽略装船前的一些细节，会造成更多的费用。例如，报关顺利与否直接关系到费用问题，由于报关延误而没有赶上船期的话，在码头的超期存放费是一笔不小的开支。

(2)签发大副收据

装船完毕后，由船长或大副根据装货的实际情况签发大副收据，作为换取海运提单的凭据。

(3)换取提单

凭大副收据向船公司或其代理换取"清洁的、已装船的海运提单"，如果要求签发运费已付提单，必须先向船公司或其代理缴付海运费。

(4)装运通知

按国际惯例装船后，出口商要及时发出装船通知(SHIPPING ADVICE)，以便进口商办理保险、备款、赎单、进口报关和接货等手续，尤其是 FOB 或 CFR 合同，及时有效的装船通知更具有特殊意义，是进口商按时投保的依据。装船通知包括合同号、信用证号、品名、数量、金额、包装件数、唛头、船名、航次、开船日、目的港等。

## 四、实训任务(以海运为例)

(1)出口商根据合同标的物的具体情况和货代提供的运价核算海运费；

(2)出口商到货运代理公司办理订舱托运手续，并在规定时间内将货物装船。

## 五、实训步骤(以海运为例)

1.填写货物出运委托书

出口方首先要通过各船公司定期发布的船舶、船期、运价信息选择合适的船舶和航次。这些信息可以向货运代理公司征询，也可以在网上查询。然后联系货代，填写其提供的订舱委托书，确立出口方与货代之间的委托代理关系。

2.缮制托运单

货代接受委托后，即根据委托书内容填写托运单，随同货物商业发票、装箱单和其他必要单证向船公司办理订舱。

3.船公司签发装货单

船公司根据托运单内容，综合考虑船舶的航线、挂靠港、船期和舱位等条件，如接受订舱便在托运单数联上编号（该编号也是将来签发的提单号），填上船名、航次，并签字确认托运人的订舱。船公司在托运单上签字，将装货单（配舱回单）等与托运人有关的单据退还托运人。

这时，出口方一方面可以凭配舱回单上的信息开始投保，并根据货代安排将货物运至指定货场；另一方面，将报关单和其他相关单据填制好，随装货单由货代办理报关手续。

## 六、考核与评价

| 序号 | 考核内容 | 评价标准 | | | | |
|------|----------|------|------|------|------|------|
| | | 优 | 良 | 中 | 合格 | 不合格 |
| 1 | 业务流程 | 业务流程是否熟练，业务办理所需资料是否齐全。 | | | | |
| 2 | 单据制作 | 单据制作的完整性、准确性和规范性，对单据和合同之间的关系是否理解准确。 | | | | |
| 3 | 团队分工与合作 | 团队分工合作是否明确，团队配合是否高效。 | | | | |

## ［货物出运委托书范本］

| 托运人<br>（SHIPPER）<br>公司中文名：<br>Createx Clothing International Limited<br>South Gate, Fengting Town, Xianyou County, Fujian, China<br>TEL: 0086 - 594 - 7667208 | | | **出口货物托运单** | |
|---|---|---|---|---|
| 收货人<br>（CNEE）<br>TO ORDER | | 目的港代理信息： | | |
| 通知人<br>（NOTIFY PARTY）<br>  SAME AS CNEE | | 委托单号 | 运输方式<br>海运 | |
| | | 委托日期　2015.06.01 | | |
| 船名航次　CHANGJIANG V.30 | 转船港 | 合同号<br>XD023/2015 | 信用证号<br>01/0501 - FCT | |
| 装货港　XIAMEN, CHINA | | 转船　禁止 | 分批　禁止 | |
| 目的地　MIAMI, U.S.A. | | 提单　叁正叁副 | | |
| 唛头 | 品名 | 数量 | 件数及包装 | 毛重 |
| N/M | TRAVELLING BAG<br>COMFORTABLE FOAM BACK PANEL,<br>REMOVABLE HIP BELT.<br>SIZE：13CM L＊9CM W＊18CM H<br>PACKING：1PC/BOX,10 | 6000 PCS | 600 CARTONS | 8400.00KGS |
| | | | TOTAL： | 8400KGS |
| 总件数 | | | 总尺码　　37.68 CBM | |
| 特约事项：<br><br>H.S CODE:<br>拖柜地址：<br>联系人：<br>电话：<br>柜型：1×40″GP | | 运费吨 | 运费率 | 运费金额 |
| | | ＊＊＊运费缴付方式＊＊＊<br>　　到付 | | |
| | | 结汇期限 | 货价 | |
| | | 装船日期 | 实际装船日期 | |

## ［提单范本］

| 1. Shipper Insert Name, Address and Phone<br>CREATEX CLOTHING INTERNATIONAL LIMITED<br>SOUTH GATE, FENGTING TOWN, XIANYOU<br>COUNTY, FUJIAN, CHINA<br>TE L:0086 – 594 – 7667208 | B/L No.　EW 20 |
|---|---|

**B/L No.　EW 20**

中远集装箱运输有限公司
COSCO CONTAINERLINES

TLX: 33057 COSCO CN
FAX: +86(021) 6545 8984

**ORIGINAL**

| 2. Consignee Insert Name, Address and Phone<br>　TO  ORDER |
|---|

| 3. Notify Party Insert Name, Address and Phone<br>(It is agreed that no responsibility shall attach to the Carrier or his agents for failure to notify)<br>FISA KARTOTECNICA,SPA<br>5521 S.REDGEWOOD AVE.,SUITE,3 PORT ORANGE,FLORIDA 321217,USA<br>TEL:001–386–322–0026shall |
|---|

Port – to – Port or Combined Transport

**BILL OF LADING**

　　RECEIVED in external apparent good order and condition except as other–Wise noted. The total number of packages or unites stuffed in the container, The description of the goods and the weights shown in this Bill of Lading are Furnished by the Merchants, and which the carrier has no reasonable means Of checking and is not a part of this Bill of Lading contract.

　　The carrier has Issued the number of Bills of Lading stated below, all of this tenor and date, One of the original Bills of Lading must be surrendered and endorsed or sig–Ned against the delivery of the shipment and whereupon any other original Bills of Lading shall be void. The Merchants agree to be bound by the terms And conditions of this Bill of Lading as if each had personally signed this Bill of Lading.

　　SEE clause 4 on the back of this Bill of Lading (Terms continued on the back Hereof, please read carefully).

　　*Applicable Only When Document Used as a Combined Transport Bill of Lading.

| 4. Combined Transport *<br>Precarriage<br>by | 5. Combined Transport*<br>Place of<br>Receipt |
|---|---|
| 6. Ocean Vessel Voy. No.<br>CHANGJIANG V.30 | 7. Port of  Loading<br>XIAMEN  CHINA |
| 8. Port of  Discharge<br>MIAMI  USA | 9. Combined Transport *<br>Place of  Delivery |

| Marks & Nos.<br>Container / Seal No. | No. of Containers<br>or Packages | Description of Goods<br>(If Dangerous Goods, See Clause 20) | Gross Weight<br>Kgs | Measurement |
|---|---|---|---|---|
| N/M<br>COSX663209 | 600 CARTONS | TRAVELLING BAG<br>COMFORTABLE FOAM BACK PANEL,<br>REMOVABLE HIP BELT<br>SIZE:13ML*9CM W*18CM H<br>PACKING:1PC/BOX,10 PCS/CARTON | 8400.00 | 37.68CBM |

Description of Contents for Shipper's Use Only (Not part of This B/L Contract)

| 10. Total Number of containers and/or packages (in words)<br>Subject to　Clause 7　Limitation | SAY SIX HUNDRED CARTONS ONLY |
|---|---|

| 11. Freight & Charges<br>Declared Value Charge | Revenue Tons | Rate | Per | Prepaid | Collect |
|---|---|---|---|---|---|

| Ex. Rate: | Prepaid at | Payable at<br>MIAMI USA | Place and date of issue<br>XIAMEN, JULY 01 ,2015 |
|---|---|---|---|
| | Total Prepaid | No. of Original B(s)/L<br>THREE | Signed for the Carrier<br>COSCO CONTAINER LINES |

LADEN ON BOARD THE VESSEL
DATE JULY 01 ,2015　　BY　COSCO CONTAINER LINES

# 模块六　报检

## 一、目的要求

通过场景实训，理解进出口合同履行中报检的时限、地点及方式；学会分析商品报检应注意的问题；掌握出口报检和进口报检的业务操作流程及相关单据的填制。

## 二、场景设计

（1）出口报检：出口小组中选派两名同学，一名同学扮演报检员，负责为出口公司办理出口报检的工作；另一名同学扮演检验检疫工作人员，负责受理报检。

（2）进口报检：进口小组中选派两名同学，一名同学扮演货主或其代理人，负责为进口公司办理进口报检的工作；另一名同学扮演检验检疫工作人员，负责受理报检。

## 三、相关知识点

（一）报检的基本常识

学生要完成这一环节的实训，需了解办理进出口报检的范围、时限与地点，检验的方式和程序。

1. 进出口商品的报检范围

（1）出口报检范围

①列入《出入境检验检疫机构实施检验检疫的进出境商品目录表》（简称《目录表》）的出口商品；

②出口食品的卫生检验；

③贸易性出口动植物产品的检疫；

④出口危险物品和《目录表》内商品包装容器的性能检验和使用鉴定；

⑤装运易腐烂变质商品、冷冻品出口的船舱和集装箱等运载工具的适载检验；

⑥有关国际贸易条约、信用证规定须经检验检疫机构检验的出口商品；

⑦其他有关法律、行政法规规定须经检验检疫机构检验的出口商品。

（2）进口报检范围

根据我国现行《中华人民共和国进出口商品检验法实施条例》和其他相关法规的规定，列入法定检验范围的进口商品必须按规定由国家质量监督检验检疫总局施行强制性检验。需要实施检验的商品必须检验合格领得证书后，才能办理通关提货。对于不属于法定检验的进口商品，检验机构可以抽样检验并实施监督管理。

2. 出口货物报检的时限和地点

①目前，我国针对法定商检的商品，必须是生产完毕后才能办理商检。出境货物最

迟应在出口报关或装运前 7 天报检，对于个别检验检疫周期较长的货物，应留有相应的检验检疫时间。

②需隔离检疫的出境动物要在出境前 60 天预报，隔离前 7 天报检。

③法定检验检疫货物，除活动物需由口岸检验检疫机构检验检疫外，原则上应坚持产地检验检疫，工厂需配合商检机构的检验专员检验出口的货物。

经检验检疫机构检验合格发给检验证书或放行单的出口商品，一般应在证单签发之日起两个月内装运出口，鲜活类出口商品应当在两周内装运出口，超过上述期限的应向检验检疫机构重新报验，并交回原签发的所有检验证书和放行单。

3. 报检方式

(1)出口报检的方式

办理出口商检的方式主要有两种：一种是产地商检，由商检机构到生产厂商实地检验并出具商检证书。另一种是出口商所在地商检，由报检员携带相关单据、工厂技术人员携带样品到出口方所在地的商检机构办理报检。

(2)进口报检的方式

入境货物检验检疫报检方式主要有三类：进境一般报检、进境流向报检、异地施检报检。

①进境一般报检。进境一般报检是指法定检验检疫入境货物的货主或其代理人，持有关单证向卸货口岸检验检疫机构申请取得入境货物通关单，并对货物进行检验检疫的报检。对进境一般报检业务而言，签发入境货物通关单和对货物的检验检疫都由口岸检验检疫机构完成，货主或其代理人在办理完通关手续后，应主动与检验检疫机构取得联系，落实施检工作。

②进境流向报检。进境流向报检也称口岸清关转异地进行检验检疫的报检，是指法定检验检疫入境货物的收货人或其代理人持有关证单在卸货口岸向口岸检验检疫机构报检，获取入境货物通关单并通关后由进境口岸检验检疫机构进行必要的检疫处理，货物调往目的地后再由目的地检验检疫机构进行检验检疫监管。申请进境流向报检货物的通关地与目的地属于不同辖区。

③异地施检报检。异地施检报检是指已在卸货口岸完成进境流向报检，货物到达目的地后，该批进境货物的货主或其代理人在规定的时间内，向目的地检验检疫机构申请进行检验检疫的报检。进境流向报检只在卸货口岸对装运货物的运输工具和外包装进行了必要的检疫处理，并未对整批货物进行检验检疫。因此，只有当检验检疫机构对货物实施了具体的检验检疫，确认其符合有关检验检疫要求及合同、信用证的规定后，货主才能获得相应的准许进口货物销售使用的合法凭证，完成进境货物的检验检疫工作。异地施检报检时应提供口岸检验检疫机构签发的《入境货物调离通知单》。

4. 报检程序

(1)出口报检程序

①报检资格认定。报检单位首次报检时须持本单位营业执照和批准证书办理登记备案手续，取得报检单位代码。其报检人员经检验检疫机构培训合格后领取"报检员证"，凭证报检。

代理报检单位须按规定办理注册登记手续，其报检人员经检验检疫机构培训合格后领取"代理报检员证"，凭证办理代理报检手续。

代理报检的，须向检验检疫机构提供委托书，委托书由委托人按检验检疫机构规定的格式填写。

②申请报检。应施行出口检验的商品，报检人应于出口前，详细填写《出境货物报检单》，每份出境货物报检单仅限填报一个合同、一份信用证的商品。对同一合同、同一信用证，但标记号码不同者，应分别填写相应的报检单。

除了报检单，还应同时提交有关的单证和资料，如双方签订的外贸合同与合同附件、信用证、商业发票、装箱单以及厂检单、出口商品运输包装性能检验分批核销单等必要单证，向商品存放所在地的检验机构申请检验，缴纳检验费。

③检验。检验机构在审查上述单证符合要求后，受理该批商品的报检。

抽样：检验机构接受报检之后，及时派员赴货物堆存地点进行现场检验、鉴定。一般采取国际贸易中普遍使用的抽样法（个别特殊商品除外），抽样时，要根据不同的货物形态，按照规定的方法和一定的比例，在货物的不同部位抽取一定数量的、能代表整批货物质量的样品（样本）供检验之用。报验人应提供存货地点情况，并配合检验人员做好抽样工作。

检验：检验机构首先应当认真研究申报的检验项目，确定检验内容，仔细审核合同及信用证中关于品质、规格、包装的规定，弄清检验的依据，确定检验标准、方法，然后使用从感官到化学分析、仪器分析等各种技术手段，对出口商品进行检验。

④签证与放行。检验检疫机构对检验合格的商品签发《出境货物通关单》与相应的检验检疫证书，出口企业即凭此在规定的有效期内报关出口。经检验检疫不合格的，签发《出境货物不合格通知单》。

出口商品的报验人对检验检疫机构作出的检验结果有异议的，可以向原检验机构或者其上级检验机构以至国家商检部门申请复验，由受理复验的检验机构或国家商检部门及时作出复验结论。

（2）进口报检程序

①报检。应施行进口检验的商品，由进口商填具入境货物报检单并备齐有关进口证件，向进口港所在地的检验机构申请检验。缴纳检验费。

②取样。依规定按国家标准取样。在未检验通过之前，非经获准不得移动货品。

③检验。必须经检验检疫机构检验的进口商品以外的进口商品的收货人，发现进口商品质量不合格或残损短缺，需要由检验检疫机构出证索赔的，应当向检验检疫机构申请检验出证。

对重要的进口商品和大型的成套设备，收货人应该依据对外贸易合同约定在出口国装运前进行预检验、监造或监装，检验检疫机构根据需要可以派出检验人员参加。

④发证。经检验合格的商品，发给入境货物通关单，供报检人办理海关的通关手续。

● 有关详细知识点，学生可参考下列资源：

《新编国际贸易实务》第七章"争议的预防与处理"（普通高等教育"十二五"规划教材，王涛生、吴建功等编著，科学出版社，2014 年）。

### （二）报检涉及的主要单证

在这一实训环节涉及的单证主要有出境货物报检单、入境货物报检单、产地证书、商检证书。

**1. 产地证书**

产地证书是证明货物原产地和制造地的文件，也是进口国海关采取不同的国别政策和关税待遇的依据。产地证书一般可以分为：

普通产地证（又称原产地证）（Certificate of Origin）；

普惠制产地证（Generalized System of Preference Certificate of origin Form A）；

纺织品产地证（Certificate of Origin Textile Products）；

中国－东盟自由贸易区优惠原产地证明书（简称东盟产地证 From E）；

智利产地证（Form F）；

Form C 为非多种纤维纺织品声明书；

Form D 是东盟自由贸易区的原产地证书；

《〈曼谷协定〉优惠原产地证明书》；

《〈中国与巴基斯坦自由贸易区〉优惠原产地证明书》。

**2. 商检证书**

检验证书（Inspection Certificate）是各种进出口商品检验证书、鉴定证书和其他证明书的统称，是国际贸易有关各方履行契约义务、处理索赔争议和仲裁、诉讼举证，具有法律依据的有效证件，也是海关验放、征收关税和优惠减免关税的必要证明。商检证书的种类主要有：

品质检验证书；

重量/体积检验证书；

数量检验证书；

兽医检验证书；

卫生（健康）检验证书；

消毒检验证书；

产地检验证书；

温度检验证书；

验舱证书。

如国外商人要求提供其他名称的证明时，可建议对方采用上述证书，不另出具其他名称的证书。

● 有关单据填制的详细解释，学生可参考下列参考资源：

《国际贸易单证操作与解析》第九章"检验检疫单证"和第十一章"原产地证书"（缪东玲编著，电子工业出版社，2011 年）；

《国际贸易单证实务》第九章"原产地证书"和第十章"商品检验证书"（吴国新、李元旭编著，清华大学出版社，2012 年）；

《国际商务单证实务》第二章"常用结汇单据"和第三章"其他结汇单据"（余世明主编，暨南大学出版社，2014 年）。

网络资源：福步外贸论坛（FOB Business Forum）|中国第一外贸论坛 http：//bbs.fobshanghai.com/，拓展阅读有关报检版块，了解实际外贸业务中具体操作及各种疑难点的处理办法。

### （三）报检的基本业务流程

学生需要掌握的办理出口商检及进口商检的基本业务流程。

1. 法定检验出口的工作业务流程

（1）报检员填写"出口检验申请单"；

（2）提供合同、信用证及商业发票、装箱单等有关单证资料；

（3）商检机构对已报验的出口商品实施检验，并出具检验结果；

（4）商检费用由电子审单系统自动计收完成；

（5）报检员领取换证凭条或商检单证。

2. 非法定检验出口的工作业务流程

（1）根据合同、信用证的规定或申请人的要求，需商检机构检验出具商检证书的，可向商检机构报检。

（2）填写"出口检验申请单"，并提供合同、信用证及商业发票、装箱单等有关单证资料。

（3）商检机构根据申请人的申请，对出口商品实施检验。对合格的出具商检证书，对不合格的则出具"出口商品不合格通知单"。

（4）商检费用由电子审单系统自动计收完成。

（5）报检员领取换证凭条或商检单证。

3. 进口货物报检的业务流程

（1）法定检验检疫入境货物的货主或其代理人首先向卸货口岸或到达站的出入境检验检疫机构申请报检，并提供有关资料；

（2）检验检疫机构受理报检，转施检部门签署意见，计收费用；

（3）对来自疫区、可能传播传染病、动植物疫情的入境货物交通工具或运输包装实施必要的检疫、消毒、卫生除害处理后，签发《入境货物通关单》（入境废物、活动物等除外）供报检人办理海关的通关手续；

（4）货物通关后，入境货物的货主或其代理人需在检验检疫机构规定的时间和地点，到指定的检验检疫机构联系对货物实施检验检疫；

（5）经检验检疫合格的入境货物签发《入境货物检验检疫证明》放行，经检验检疫不合格的货物签发《检验检疫处理通知书》，需要索赔的签发检验检疫证书。

## 四、实训任务

（1）出口商小组认真阅读外贸合同，完成出口检验申请和准备单证资料的业务操作，准备好相关资料，填制出境货物报检单。

（2）进口商小组需完成进口检验申请和准备单证资料的业务操作，准备好相关资料，填制入境货物报检单。

## 五、实训步骤

（1）出口商准备好合同、商业发票、信用证、装箱单等相关资料，填写"出境货物报检单"。

（2）商检机构对报检的商品实施检验，并出具检验结果。

（3）货物入境后，进口商准备好相关资料，填制入境货物报检单。

## 六、考核与评价

| 序号 | 考核内容 | 评价标准 | | | | |
| --- | --- | --- | --- | --- | --- | --- |
| | | 优 | 良 | 中 | 合格 | 不合格 |
| 1 | 业务流程 | 业务流程是否熟练，业务办理所需资料是否齐全。 | | | | |
| 2 | 单据制作 | 单据制作的完整性、准确性和规范性，对单据和合同之间的关系是否理解准确。 | | | | |
| 3 | 团队分工与合作 | 团队分工合作是否明确，团队配合是否高效。 | | | | |

## ［商业发票样本］

| ISSUER<br>Createx Clothing International Limited<br>South Gate, Fengting Town, Xianyou County, Fujian, China | | COMMERCIAL INVOICE | |
|---|---|---|---|
| TO<br><br>FISA KARTOTECNICA, SPA<br>Ridgewood Ave. , Suite, Port Orange, Florida, USA | | NO.<br>18734092 | DATE<br>JUNE,1 , 2015 |
| TRANSPORT DETAILS<br>FROM XIAMENI, CHINA TO MIAMI, USA BY VESSEL | | S/C NO.<br>XD023/2015 | L/C NO.<br>01/0501 – FCT |
| | | TERMS OF PAYMENT<br><br>L/C | |
| Marks and<br>Numbers | Number and kind of package Description of goods | Quantity | Unit Price |
| | | | Amount<br>FOB XIAMEN |
| N/M | TRAVELLING BAG<br>COMFORTABLE FOAM BACK PANEL,<br>REMOVABLE HIP BELT.<br>SIZE: 13CM L * 9CM W * 18CM H<br>PACKING: 1PC/BOX,10PCS/CARTON | 6000 PCS | USD20 |
| | | | USD120 ,000. 00 |

Total: USD120,000. 00

SAY TOTAL:SAY US DOLLARS ONE HUNDRED AND TWENTY THOUSAND ONLY.

## ［装箱单样本］

| ISSUER<br>Createx Clothing International Limited<br>South Gate, Fengting Town, Xianyou County, Fujian, China | | PACKING LIST | |
|---|---|---|---|
| TO<br>FISA KARTOTECNICA, SPA<br>Ridgewood Ave. , Suite, Port Orange, Florida, USA | | INVOICE NO.<br>18734092 | DATE<br>JUNE, 1, 2015 |

| Marks and Numbers | Number and kind of package Description of goods | Quantity | Packag | G. W | N. W | Meas. |
|---|---|---|---|---|---|---|
| N/M | TRAVELLING BAG COMFORTABLE FOAM BACK PANEL, REMOVABLE HIP BELT.<br>SIZE: 13CM L * 9CM W * 18CM H<br>PACKING: 1PC/BOX, 10PCS/CARTON | 6000PCS | 600 CARTON | 8400 KGS | 7500 KGS | 37.68 CBM |
| | Total: 600 CARTON | | | 8400 KGS | 7500 KGS | 37.68CBM |

SAY TOTAL: SIX HUNDRED CARTONS ONLY.

## ［产地证样本］

| 1. Exporter<br><br>Createx Clothing International Limited<br>South Gate，Fengting Town，Xianyou County，Fujian，China | Certificate No.<br><br><br>CERTIFICATE OF ORIGIN<br>OF<br>THE PEOPLE'S REPUBLIC<br>OF CHINA |
|---|---|
| 2. Consignee<br><br>FISA KARTOTECNICA，SPA<br>Ridgewood Ave.，Suite，Port Orange，Florida，USA | |

| 3. Means of transport and route<br>FROMXIAMENI，CHINA TO MIAMI，USA BY VESSEL | 5. For certifying authority use only |
|---|---|
| 4. Country / region of destination<br>USA | |

| 6. Marks and numbers<br><br>N/M | 7. Number and kind of packages；description of goods<br>600 CARTONS（SIX HUNDRED CARTONS ONLY）OF TRAVELLING BAG COMFORTABLE FOAM BACK PANEL，REMOVABLE HIP BELT.<br>SIZE：13CM L＊9CM W＊18CM H<br>PACKING：1PC/BOX，10PCS/CARTON | 8. H. S. Code<br><br>42021290 | 9. Quantity<br><br>6000PCS | 10. Number and date of Invoices<br><br>18734092<br>JUNE，1，2015 |
|---|---|---|---|---|

| 11. Declaration by the exporter<br>The undersigned hereby declares that the above details and statements are correct，that all the goods were produced in China and that they comply with the Rules of Origin of the People's Republic of China.<br><br><br>FUJIAN JUNE 2，2015 | 12. Certification<br>It is hereby certified that the declaration by the exporter is correct.<br><br><br><br><br>FUJIAN JUNE 3，2015. |
|---|---|
| -------------------------------------------<br><br>Place and date，signature and stamp of authorized signatory | -------------------------------------------<br><br>Place and date，signature and stamp of certifying authority |

## ［出境货物报检单样本］

# 中华人民共和国出入境检验检疫
# 出境货物报检单

报检单位(加盖公章)：　　　　　　　　　　　　　　　编　　号 _____

报检单位登记号：　　联系人：林嘉利　电话：865947667208　报检日期：2015 年 7 月 10 日

| 发货人 | (中文)服装制造国际有限公司 | | | | |
|---|---|---|---|---|---|
| | (外文)Createx Clothing International Limited | | | | |
| 收货人 | (中文) | | | | |
| | (外文) FISA KARTOTECNICA，SPA | | | | |
| 货物名称(中/外文) | H. S.编码 | 产地 | 数/重量 | 货物总值 | 包装种类及数量 |
| 旅行包<br>TRAVELLING BAG | 42021290 | 中国 | 6000PCS | USD120000 | 600 纸箱 |
| 运输工具名称号码 | CHANGJIANG V. 30 | 贸易方式 | 一般贸易 | 货物存放地点 | |
| 合同号 | XD023/2015 | 信用证号 | 01/0501 - FCT | 用途 | . |
| 发货日期 | 20150701 | 输往国家(地区) | 美国 | 许可证/审批号 | |
| 报关口岸 | 厦门 | 到达口岸 | 迈阿密 | 生产单位注册号 | |
| 集装箱规格、<br>数量及号码 | 1 * 40 COSX663209 | | | | |

| 合同、信用证订立的检验<br>检疫条款或特殊要求 | 标 记 及 号 码 | 随附单据(划"√"或补填) | |
|---|---|---|---|
| 无 | N/M | ☑合同<br>□信用证<br>☑发票<br>□换证凭单<br>☑装箱单<br>☑厂检单 | ☑包装性能结果单<br>□许可/审批文件<br>□<br>□<br>□<br>□ |

| 需要证单名称(划"√"或补填) | | \*检验检疫费 | |
|---|---|---|---|
| □品质证书　　　__正__副<br>□重量证书　　　__正__副<br>□数量证书　　　__正__副<br>□兽医卫生证书　__正__副<br>□健康证书　　　__正__副<br>□卫生证书　　　__正__副<br>□动物卫生证书　__正__副 | □植物检疫证书　　__正__副<br>□熏蒸/消毒证书　__正__副<br>□出境货物换证凭单<br>□出境通关单<br>□电子转单换证凭条<br>□<br>□ | 总金额<br>(人民币元) | |
| | | 计费人 | |
| | | 收费人 | |

| 报检人郑重声明： | 领 取 证 单 | |
|---|---|---|
| 1. 本人被授报检。<br>　2. 上列填写内容正确属实，货物无伪造成冒用他人的<br>厂名、标志、认证标志，并承担货物质量责任。<br>　签名： | 日期 | |
| | 签名 | |

注：有"\*"号栏由出入境检验检疫机关填写。

## ［入境货物报检单样本］

# 中华人民共和国出入境检验检疫
# 入境货物报检单

报检单位（加盖公章）：　　　　　　　　*编号：

报检单位登记号：　　　　联系人：　　电话：3863220026　报检日期：2015 年 8 月 1 日

| 收货人 | （中文） | | 企业性质（划"√"）　☑合资　□合作　□外资 | | | |
| | （外文）　FISA KARTOTECNICA, SPA | | | | | |
| 发货人 | （中文）　林嘉利 | | | | | |
| | （外文）Carrie Lin | | | | | |
| 货物名称（中/外文） | H. S. 编码 | 产地 | 数/重量 | 货物总值 | 包装种类及数量 | |
| 旅行包<br>TRAVELLING BAG | 42021290 | CHINA | 6000 PCS | USD120,000.00 | 600 CARTON | |
| 运输工具名称及号码 | CHANGJIANG V. 30 | | | 合同号 | XD023/2015 | |
| 贸易方式 | 一般贸易 | 贸易国别（地区） | 中国 | 提单/运单号 | EW 20 | |
| 到岸日期 | 2015.7.31 | 启运国家（地区） | 中国 | 许可证/审批号 | | |
| 卸毕日期 | 2015.7.31 | 启运口岸 | 中国 | 入境口岸 | 迈阿密 | |
| 索赔有效期至 | 2016.8.15 | 经停口岸 | | 目的地 | Florida, USA | |
| 集装箱规格、数量及号码 | 1 *40 COSX663209 | | | | | |
| 合同订立的特殊条款<br>以及其他要求 | 无其他特殊要求 | 货物存放地点 | | | | |
| | | 用　途 | 自营内销 | | | |

随附单据（划"√"或补填）　　　　　标记及号码　　*外商投资财产（划"√"）　□是□否

| ☑ 合同 | ☑ 到货通知 | | *检验检疫费 | |
| ☑ 发票 | ☑ 装箱单 | | | |
| ☑ 提/运单 | □ 质保书 | | 总金额<br>（人民币元） | |
| □ 兽医卫生证书 | □ 理货清单 | N/M | | |
| □ 植物检疫证书 | □ 磅码单 | | | |
| □ 动物检验证书 | □ 验收报告 | | | |
| □ 卫生证书 | □ | | 计费人 | |
| □ 原产地证 | | | | |
| ☑ 许可/审批文件 | | | 收费人 | |

| 报检人郑重声明：<br>　1. 本人被授权报检。<br>　2. 上列填写内容正确属实。<br>　　　　　　　　　　签名： | 领取证单 | |
| | 日期 | 年　月　日 |
| | 签名 | |

注：有"＊"号栏由出入境检验检疫机关填写　　　　　　◆国家出入境检验检疫局制

# 模块七　报关

## 一、目的要求

使学生准确地掌握国家对外贸易的各种法律、法规及管制制度和海关对报关活动及报关活动相关人的管理制度，能准确无误地填制各类报关单证，熟练进行通关作业及相关活动的前期、后续管理工作；提高学生的知识水平和实际操作能力，使之能够综合运用报关知识去开展工作，为从事国际贸易、进出口、报关等工作和进一步科学研究奠定基础。

## 二、场景设计

（一）设置报关的场景

需要有一个带报关窗口的报关场所，有报关窗口、报关单据、桌椅，有一定的空间，使其他同学也有地方或坐或站进行模拟。要有能上互联网的计算机、可记录模拟报关重要演练过程的摄像设备、投影仪、麦克风。

（二）分出口方组和进口方组分别进行报关

为保证实训效果，将学生按实际报关的要求，分为若干个出口方和进口方报关小组，每小组人员 6 人左右，要求小组成员按报关的要求去进行内部分工（如：谁做商品归类，谁核算进出口税费，谁填制报关单等等）。在正式报关前要做好与报关内容有关的各项研究、分析、准备工作；然后按报关的一般步骤、程序，每两小组分别扮演报关的出口方和进口方展开演练；最后先由学生自己对演练情况作出小结，再由指导老师进行点评。

（三）进出口商品归类

出口商小组选派两名同学，一名同学扮演出口商工作人员，负责查阅进出口商品归类编码；另一名同学扮演出口地海关工作人员，负责审核进出口商品归类。

进口商小组中选派两名同学，一名同学扮演进口商工作人员，负责查阅进出口商品归类编码；另一名同学扮演进口地海关工作人员，负责审核进出口商品归类。

（四）进出口税费核算

出口商小组选派两名同学，一名同学扮演出口地海关工作人员，负责审核出口税费；另一名同学扮演出口商财务人员，负责计算出口税费。

进口商小组中选派两名同学，一名同学扮演财务人员，负责计算进口税费；另一名同学扮演进口地海关工作人员，负责审核进口税费。

（五）报关单填制

出口商小组选派两名同学，一名同学扮演出口商工作人员，负责填制出口报关单；另一名同学扮演出口地海关工作人员，负责审核出口报关单。

进口商小组中选派两名同学，一名同学扮演进口商工作人员，负责填制进口报关单；另一名同学扮演进口地海关工作人员，负责审核进口报关单。

### 三、需要的知识点

（一）一般进出口货物的报关

一般进出口货物是指在进出境环节缴纳了应征的进出口税费并办结了所有必要的海关手续，海关放行后不再进行监管的进出口货物。一般进出口货物包括一般进口货物和一般出口货物。

一般进出口货物报关程序由四个环节构成，即进出口申报、配合查验、缴纳税费、提取或装运货物。

1. 进出口申报

（1）申报含义

申报是指进出口货物收发货人、受委托的报关企业，依照《海关法》以及有关法律、行政法规的要求，在规定的期限、地点，采用电子数据报关单和纸质报关单形式，向海关报告实际进出口货物的情况，并接受海关审核的行为。

（2）申报地点

进口货物应当由收货人或其代理人在货物的进境地海关申报；出口货物应当由发货人或其代理人在货物的出境地海关申报。

经收发货人申请，海关同意，进口货物的收货人或其代理人可以在设有海关的货物指运地申报，出口货物的发货人或其代理人可以在设有海关的货物起运地申报。

特定减免税货物和暂准进境货物申报进境的货物，因故改变使用目的从而以保税货物、改变货物性质转为一般进口时，进口货物的收货人或其代理人应当在货物所在地的主管海关申报。

（3）申报期限

进口货物的申报期限为自装载货物的运输工具申报进境之日起 14 日内。申报期限的最后一天是法定节假日或休息日的，顺延至法定节假日或休息日后的第一个工作日。进口货物自装载货物的运输工具申报进境之日起超过 3 个月仍未向海关申报的，货物由海关提取并依法变卖。对属于不宜长期保存的货物，海关可以根据实际情况提前处理。

出口货物的申报期限为货物运抵海关监管区后、装货的 24 小时以前。

经海关批准准予集中申报的，进口货物自装载货物的运输工具申报进境之日起 14 日内，出口货物在运抵海关监管区后、装货的 24 小时前，按"中华人民共和国海关进出口货物集中申报清单"（以下简称"集中申报清单"）格式录入电子数据向海关申报，自海关审结"集中申报清单"电子数据之日起 3 日内，持"集中申报清单"及随附单证到货物所在地海关办理交单验放手续，在次月 10 日（保税货物在次月底）之前，对一个月内以"集中申报清单"申报的数据进行归并，填制进出口货物报关单到海关办理集中申报手续。

经电缆、管道或其他特殊方式进出境的货物，进出口货物收发货人或其代理人按照海关规定定期申报。

（4）申报日期

进出口货物收发货人或其代理人的申报数据自被海关接受之日起，其申报的数据就产生法律效力,即进出口货物收发货人或其代理人应当向海关承担"如实申报"、"如期申报"等的法律责任。因此,海关接受申报数据的日期非常重要。

申报日期是指申报数据被海关接受的日期。不论以电子数据报关单方式申报或以纸质报关单方式申报,海关接受申报数据的日期即为接受申报的日期。

采用先电子数据报关单申报,后提交纸质报关单,或者仅以电子数据报关单方式申报的,申报日期为海关计算机系统接受申报数据时记录的日期,该日期将反馈给原数据发送单位,或公布于海关业务现场,或通过公共信息系统发布。电子数据报关单经过海关计算机检查被退回的,视为海关不接受申报,进出口货物收发货人或其代理人应当按照要求修改后重新申报,申报日期为海关接受重新申报的日期。海关已接受申报的报关单电子数据,送人工审核后,需要对部分内容修改的,进出口货物收发货人或其代理人应当按照海关规定进行修改并重新发送,申报日期仍为海关原接受申报的日期。

先纸质报关单申报,后补报电子数据,或只提供纸质报关单申报的,海关工作人员在报关单上作登记处理的日期,为海关接受申报的日期。

(5)进出口申报步骤

①准备申报单证。准备申报的单证是报关员开始进行申报工作的第一步,是整个报关工作能否顺利进行的关键一步。申报单证可以分为报关单和随附单证两大类,其中随附单证包括基本单证。

报关单是由报关员按照海关规定格式填制的申报单,是指进出口货物报关单或者带有进出口货物报关单性质的单证,比如特殊监管区域进出境备案清单、ATA单证册、过境货物报关单、快件报关单等等。任何货物的申报,都必须有报关单。

基本单证是指进出口货物的货运单据和商业单据,主要有进口提货单据、出口装货单据、商业发票、装箱单等。一般来说,任何货物的申报都必须有基本单证。

特殊单证主要有进出口许可证件、加工贸易手册(包括纸质手册、电子账册和电子化手册)、特定减免税证明、作为有些货物进出境证明的原进出口货物报关单证、出口收汇核销单、原产地证明书、贸易合同等。某些货物的申报,必须有特殊单证,比如租赁贸易货物进口申报,必须有租赁合同,别的货物进口申报则不一定需要贸易合同。所以贸易合同对于租赁贸易货物申报来说是一种特殊单证。

进出口货物收发货人或其代理人应向报关员提供基本单证、特殊单证,报关员审核相应单证后据此填制报关单。

准备申报单证的原则是:基本单证、特殊单证必须齐全、有效、合法;填制报关单要真实、准确、完整;报关单与随附单证数据必须一致。

②申报前看货取样。进口货物的收货人,在向海关申报前,为了确定货物的品名、规格、型号等,可以向海关提出查看货物或者提取货样的书面申请。海关审核同意的,派员到场监管。涉及动植物及其产品以及其他须依法提供检疫证明的货物,如需提取货样,应当按照国家的有关法律规定,事先取得主管部门签发的书面批准证明。提取货样后,到场监管的海关工作人员与进口货物的收货人在海关开具的取样记录和取样清单上签字确认。

③申报。

A. 电子数据申报。

进出口货物收发货人或其代理人可以选择终端申报方式、委托 EDI 方式、自行 EDI 方式、网上申报方式等四种电子申报方式中适用的一种，将报关单内容录入海关电子计算机系统，生成电子数据报关单。

进出口货物收发货人或其代理人在委托录入或自行录入报关单数据的计算机上接收到海关发送的接受申报信息，即表示电子申报成功；接收到海关发送的不接受申报信息后，则应当根据信息提示修改报关单内容后重新申报。

B. 提交纸质报关单及随附单证。海关审结电子数据报关单后，进出口货物收发货人或其代理人应当自接到海关"现场交单"或"放行交单"信息之日起 10 日内，持打印的纸质报关单，备齐规定的随附单证并签名盖章，到货物所在地海关提交书面单证，办理相关海关手续。

④修改申报内容或撤销申报。海关接受进出口货物申报后，电子数据和纸质的进出口货物报关单不得修改或者撤销；确有正当理由的，经海关审核批准，可以修改或撤销。

2. 配合查验

(1) 海关查验

海关查验是指海关根据海关法确定进出境货物的性质、价格、数量、原产地、货物状况等是否与报关单上已申报的内容相符，对货物进行实际检查的行政执法行为。

海关通过查验，核实有无伪报、瞒报、申报不实等走私、违规行为。同时也为海关的征税、统计、后继管理提供可靠的资料。

海关查验时，进出口货物的收、发货人或其代理人应当到场。

(2) 查验地点

查验一般在海关监管区内进行。对进出口大宗散货、危险品、鲜活商品、冷冻运输的货物，经货物的收、发货人或其代理人申请，海关也可同意在装卸作业的现场进行查验。在特殊情况下，经货物的收、发货人或其代理人申请，海关可派员到海关监管区以外的地方查验货物。

(3) 查验时间

当海关决定查验时，即将查验的决定以书面通知的形式通知进出口货物的收、发货人或其代理人，约定查验的时间。查验时间一般约定在海关正常工作时间内。但是在一些进出口业务繁忙的口岸，海关也可应进出口货物的收、发货人或其代理人的要求，在海关正常工作时间以外安排查验作业。

(4) 查验方式

海关查验的方式一般分为三种：

①彻底查验。即对货物逐件开箱、开包查验。对货物的品名、规格、数量、重量、原产地、货物状况等逐一与申报的数据进行详细核对。

②抽查。即按一定的比例，对货物有选择的开箱、开包查验。

③外形查验。即对货物的包装、唛头等进行核查、核验。

海关认为必要时，可以依法对已经完成查验的货物进行复验，即第二次查验。海关复验时，进出口货物的收、发货人或其代理人仍然应当到场。

（5）径行开验

开验是指海关在进出口货物的收、发货人或其代理人不在场的情况下，自行开拆货物进行查验。海关行使"径行开验"的权力时，应当通知货物存放场所的管理人员或其他见证人到场，并由其在海关的查验记录上签字。

（6）查验通知

进出口货物的收、发货人或其代理人接到海关的查验通知后，应当向海关的查验部门办理确定查验的具体地点和具体时间的手续。

（7）配合查验

海关查验货物时，进出口货物的收、发货人或其代理人应当到场，配合海关查验，并负责搬移货物、开拆或重封货物的包装。

配合是指陪同查验的报关员应当了解和熟悉所申报货物的情况，并回答海关的询问，提供海关查验货物时所需要的单证或其他资料。

（8）确认查验结果

查验完毕后，海关实施查验的关员应当填写《海关进出境货物查验记录单》一式两份。配合海关查验的报关员应当注意阅读查验记录是否如实反映查验情况。要特别注意以下情况的记录是否符合实际：

①开箱的具体情况；

②货物残损情况及造成残损的原因；

③提取货样的情况；

④查验结论。

配合查验的报关员审阅查验记录准确清楚的，即签字确认。

海关在查验中如需提取货样做进一步检验化验或鉴定的，应当向进出口货物的收、发货人或其代理人开具《取样清单》，并履行相应手续。

（9）货物损坏赔偿

在查验过程中，或者证实海关在径行查验过程中，因为海关关员的责任造成被查验货物损坏的，进口货物的收货人、出口货物的发货人或其代理人可以要求海关赔偿。海关赔偿的范围仅限于在实施查验过程中，由于海关关员的责任造成被查验货物损坏的直接经济损失。直接经济损失的金额根据被损坏货物及其部件的受损程度确定，或者根据修理费确定。

**3. 交纳税费**

缴纳税费的方式主要有两种：一种是凭缴款书和收费票据缴纳税费；另一种是网上缴税和付费。

进出口货物收发货人或其代理人将报关单及随附单证提交给货物进出境地指定海关，海关对报关单进行审核，对需要查验的货物先由海关查验，然后核对计算机计算的税费，开具税款缴款书和收费票据。进出口货物收发货人或其代理人在规定时间内，持缴款书或收费票据向指定银行办理税费交付手续；在试行中国电子口岸网上缴税和付费的海关，进出口货物收发货人或其代理人可以通过电子口岸接收海关发出的税款缴款书和收费票据，在网上向指定银行支付税费。一旦收到银行缴款成功的信息，即可报请海关办理货物放行手续。

### 4. 提取或装运货物

（1）海关监管货物

海关监管货物是指已进境尚未办结海关手续的进口货物和已向海关申报尚未出境的出口货物。海关监管货物主要出于两种状态：一是进境货物尚未办结海关手续和出境货物已办结海关出口手续但尚未装运出口，仍存放在海关监管场所的；二是进境货物已办结海关放行手续，但仍处在海关监管之下，需纳入海关后继管理的，如保税货物、特定减免税货物、暂准进口货物等。

海关监管货物未经海关许可，不得开拆、提取、交付、发运、调换、改装、抵押、质押、留置、转让、更换标志、移作他用或者进行其他处置。

（2）海关放行

①海关放行的含义。海关放行是指海关接受进出口货物的申报、审核电子数据报关单和纸质报关单及随附单证、查验货物、征收税费或接受担保以后，对进出口货物作出结束海关进出境现场监管决定，允许进出口货物离开海关监管现场的工作环节。

②结关的含义。结关是"办结海关手续"的简称，是指进出口货物的收、发货人或其代理人向海关办理完进出口货物通关的所有手续，履行了法律规定的与进出口有关的义务，有关货物一旦办结海关手续，海关就不再进行监管。

③海关放行的形式。海关在进口货物提货凭证或者出口货物装货凭证上签盖"海关放行章"，进出口货物的收、发货人或其代理人签收进口提货凭证和出口装货凭证，凭以提取进口货物或将出口货物装运到运输工具上离境。

在试行"无纸通关"申报方式的海关，海关作出放行决定时，通过计算机将"海关放行"报文发送给进出口货物的收、发货人或其代理人和海关监管货物保管人。进出口货物的收、发货人或其代理人从计算机上自行打印海关通知放行的凭证，凭以提取进口货物或将出口货物装运到运输工具上离境。

④海关放行与结关的关系。对于一般进出口货物，放行时进出口货物的收、发货人或其代理人已经办理了所有申报、纳税手续。因此，海关放行即等于结关。但是对于保税货物、特定减免税货物、暂准进口货物等，海关在一定期限内还需进行后继管理。因为该类货物的收、发货人或其代理人并未办结海关手续，所以此时海关对于该类货物的放行不等于结关。

（3）提取货物

进口货物的收货人或其代理人签收海关加盖"海关放行章"戳记的进口提货凭证，这些凭证根据运输工具的不同，名称也不一样，一般有提单、运单、提货单等，凭以到货物进境地的港区、机场、车站、邮局等地的海关监管仓库提取进口货物。

（4）装运货物

出口货物的发货人或其代理人签收海关加盖"海关放行章"戳记的出口提货凭证，这些凭证一般有运单、装货单、场站收据等，凭以到货物出境地的港区、机场、车站、邮局等地的海关监管仓库办理将货物装运上运输工具运离关境的手续。

（5）申请签发证明。

①进口付汇证明。对需要在银行或国家外汇管理部门办理进口付汇核销的进口货物，报关员应当向海关申请签发《进口货物报关单（付汇证明联）》。海关经审核，对符合条件的，即在《进口货物报关单》上签名，加盖"海关验讫章"，作为进口付汇证明联签发给报关员。同时，通过海关电子通关系统向银行或国家外汇管理部门发送证明联电子数据。

②出口收汇证明。对需要在银行或国家外汇管理部门办理出口收汇核销的口出货物，报关员应当向海关申请签发《出口货物报关单（收汇证明联）》。海关经审核，对符合条件的，即在《出口货物报关单》上签名，加盖"海关验讫章"，作为出口收汇证明联签发给报关员。同时，通过海关电子通关系统向银行或国家外汇管理部门发送证明联电子数据。

③出口收汇核销单。对需要办理出口收汇核销的出口货物，报关员还应当在申报时向海关提交由国家外汇管理部门核发的《出口收汇核销单》。海关放行货物后，由海关关员在《出口收汇核销单》上签字，加盖海关单证章。出口货物发货人凭《出口货物报关单（收汇证明联）》和《出口收汇核销单》办理出口收汇核销手续。

④出口退税证明。对需要在国家税务机构办理出口退税的出口货物，报关员应当向海关申请签发《出口货物报关单（出口退税证明联）》。海关经审核，对符合条件的，即在《出口货物报关单》上签名，加盖"海关验讫章"，作为出口退税证明联签发给报关员。同时，通过海关电子通关系统向国家税务机构发送证明联电子数据。

⑤进口货物证明书。

对进口汽车、摩托车等，报关员应当向海关申请签发《进口货物证明书》，进口货物收货人凭以向国家交通管理部门办理汽车、摩托车的牌照申领手续。海关放行汽车、摩托车后，向报关员签发《进口货物证明书》，同时，将《进口货物证明书》上的内容通过计算机发送给海关总署，再传输给国家交通管理部门。

保税货物、特定减免税货物、暂准进出境货物等其他货物的报关参见一般进出口货物的报关。

- 学生要完成这一环节的实训，需了解报关的概念、内容和程序。
- 有关详细知识点，学生可参考下列资源：

《报关实务》第三章"一般进出口货物报关实务"（财政部规划教材、全国高等院校财经类教材，贺政国主编，中国财政经济出版社，2014年）。

（二）进出口商品归类

《协调制度》，全称为《商品名称及编码协调制度》。我国《协调制度》中的商品编码采用的是8位数编码：第1、2位表示项目所在章，第3、4位表示在该章的排列顺序号，第5位表示的是它的一级子目，第6位表示二级子目，第7位表示三级子目，第8位表示四级子目。进出口商品的8位数编码一般是由进出口商品归类总规则确定。

1. 归类总规则简介

归类总规则是为保证每一个商品，甚至是层出不穷的新商品，都能始终归入同一个品目或子目，避免商品归类的争议而制定的商品归类应遵循的原则。归类总规则位于《协调制度》的部首，共有六条，它们是指导并保证商品归类统一的法律依据。这里值得注意的是：归类总规则的使用顺序为规则一优先于规则二，规则二优先于规则三，必须顺序使用。下面就逐一介绍这六条归类总规则。

2. 规则一

1）规则一条文内容

"类、章及分章的标题，仅为查找方便而设。具有法律效力的归类，应按品目条文和有关类注或章注确定，如品目、类注或章注无其他规定，按以下规则确定。"

2）规则一解释

（1）规则一第一段"类、章及分章的标题，仅为查找方便而设"。

将数以万计的商品归入编码表中的几千个子目之内并非易事，为便于查找编码，《协调制度》将一类或一章商品加以概括并冠以标题。由于现实中的商品种类繁多，通常情况下一类或一章标题很难准确地对本类、章商品加以概括，所以类、章及分章的标题仅为查找方便而设，不具有法律效力。换句话说，类、章中的商品并不是全部都符合标题中的描述。例如：第十五类的标题为"贱金属及其制品"，但许多贱金属制品并不归入该类，如铜纽扣归入第96章"杂项制品"；贱金属制的机械设备归入第84章"核反应堆、锅炉、机器、机械器具及其零件"；第22章的标题为"饮料、酒及醋"，但是通常被我们认为是饮料的瓶装蒸馏饮用水却不归入该章，而应归入第28章"无机化学品"。类似的例子还很多。

（2）规则一第二段"具有法律效力的归类，应按品目条文和有关类注或章注确定"。

这里有两层含义。第一，具有法律效力的商品归类，是按品目名称和有关类注或章注确定商品编码；第二，许多商品可直接按目录规定进行归类。

这里介绍一下类注、章注（简称"注释"）的作用。注释的作用在于限定品目、类、章商品的准确范围，常用的方法有：①以定义形式来界定类、章或品目的商品范围及对某些商品的定义做出解释。②列举典型例子的方法。③用详列具体商品名称来定义品目的商品范围。④用排他条款列举若干不能归入某一类、章或编码的商品

（3）规则一第三段"如品目、类注或章注无其他规定"。

这一规定旨在明确品目条文及与其相关的类、章注释是最重要的。换言之，它们是在确定归类时应首先考虑的规定。

[规则一应用举例]：牛尾毛→查阅类、章名称——第5章"其他动物产品"→因税目0511中未提到牛尾毛故 按其他未列名动物产品归类→查阅第5章章注四："马毛"包括马科、牛科的尾毛→归入05119940。

3. 规则二

1）规则二条文内容

"（1）品目所列货品，应包括该项货品的不完整品或未制成品，只要在进口或出口时该项不完整品或未制成品具有完整品或制成品的基本特征；还应包括该项货品的完整品或制成品（或按本款可作为完整品或制成品归类的货品）在进口或出口时的未组装件或拆散件。

"（2）品目中所列材料或物质，应视为包括该种材料或物质与其他材料或物质混合或组合的物品。品目所列某种材料或物质构成的货品，应视为包括全部或部分由该种材

料或物质构成的货品。由一种以上材料或物质构成的货品，应按规则三归类。"

2）规则二解释

（1）规则二（1）解释：

规则二（1）实际上是扩大编码的商品范围。这里有两层意思：

第一层意思是品目所列商品包括其不完整品或未制成品，只要其具有完整品或制成品的基本特征，就应包括在内。例如缺一个轮子的汽车，因其缺少的部件并不能影响产品本身的特征，故应按完整品归类。

第二层意思是还应视为包括该项货品的完整品或制成品在进口或出口时的未组装件或拆散件。例如一辆完整的汽车和缺少某些零部件的汽车，在归类时都按整汽车归类。之所以这样规定，是因为编码品目有限，不可能将各种情况的商品一一列出。

不完整品、未制成品的概念：①不完整品：是指某个商品还不完整，缺少某些零部件，但却具有完整品的基本特征。例如缺少一个轮胎或倒车镜等零部件的汽车，仍应按完整的汽车归类，并不因为缺少了一个轮胎而不叫做汽车；缺少键盘的便携式电脑仍应按完整的便携式电脑归类等。如没有这项规则，则需将每缺一个零部件的商品单列一个子目，一是难以列全，二是很烦琐且浪费目录资源。②未制成品：指已具备了成品的形状特征，但还不能直接使用，需经进一步加工才能使用的商品。例如已具有钥匙形状的铜制钥匙坯片。③因运输、包装、加工贸易等原因，进口时未组装件或拆散的货品。例如机电产品的成套散件，此类成套散件只需简单组装即可成为完整成品。

规则二（1）的意思归纳起来有两点：第一扩大编码上列名商品的范围，即不仅包括该商品的完整品或制成品，而且还包括它的非完整品、非制成品及整机的拆散件。第二，该规则的使用，是有条件的，即未完整品或未制成品一定要具有完整品（整机）的基本特征，拆散件必须是完整品的成套散件。此外，需要注意的是，规则二的第一部分不适用于第 1 至第 6 类的商品（第 38 章及以前的各章）。

（2）规则二（2）解释：

规则二（2）有两层意思。第一，品目中所列某种材料包括了该种材料的混合物或组合物。这也是对品目商品范围的扩大。第二，其适用条件是加进去的东西或组合起来的东西不能失去原商品的特征，即混合或组合后的商品不存在看起来可归入两个及以上品目的问题。例如加糖的牛奶，还应按牛奶归类，添加了糖的牛奶并未改变牛奶的特性。所以决不会产生是按糖归类还是按牛奶归类的疑问。而添加了花椒粉的盐则改变了盐的特性，使之属性从盐改变为调味品。

［规则二应用举例］：缺少键盘的笔记本电脑→查阅类章名称：属于第 84 章物品，按规则二（1），未制成品如已具备制成品的基本特征应按制成品归类→按规则一规定查阅第 84 章章注，未提到该物品是否有具体列名→查阅第 84 章品目条文，按笔记本电脑自动处理数据的特性，归入 8471→按规则二（1）按整机归入 84713000。

4.规则三

1）规则三条文内容

"当货品按规则二（2）或由于其他原因看起来可归入两个或两个以上品目时，应按以下规则归类：

（1）列名比较具体的品目，优先于列名一般的品目。但是，如果两个或两个以上品目都仅述及混合或组合货品所含的某部分材料或物质，或零售的成套货品中的某些货品，即使其中某个品目对该货品描述得更为全面、详细，这些货品在有关品目的列名应视为同样具体。

"（2）混合物、不同材料构成或不同部件组成的组合物以及零售的成套货品，如果不能按规则三（1）归类时，在本款可适用的条件下，应按构成货品基本特征的材料或部件归类。

"（3）货品不能按规则三（1）或（2）归类时，应按号列顺序归入其可归入的最末一个品目。"

2）规则三解释

（1）规则三（1）解释：

不论是按规则二（2）或其他任何原因归类，货品看起来可归入两个或两个以上品目时，应按以下规则归类，这是规则三运用的前提。规则三有三条，可概括为：具体列名；基本特征；从后归类。这三条规定应按照其在本规则的先后次序加以运用。据此，只有在不能按照规则三（1）归类时，才能运用规则三（2）；不能按照规则三（1）和三（2）归类时，才能运用规则三（3）。

规则三（1）讲的是当一个商品涉及两个或两个以上品目时，哪个品目相对于商品表述更为具体，就归入哪个品目。但是，如果两个或两个以上品目都仅述及混合或组合货品所含的某部分材料或物质，或零售的成套货品中的某些货品，即使其中每个税目对该货品描述得更为全面、详细，这些货品在有关品目的列名应视为同样具体。

要想制定几条规定来确定哪个列名更具体是困难的，但作为一般原则可作如下理解：①商品的具体名称与商品的类别名称相比，商品的具体名称较为具体。如两个税号属同一类商品，可根据它的功能（用途）进行深度比较，哪个功能（用途）更为接近，就应视为更具体。②如果一个品目所列名称更为明确地包括某一货品，则该品目要比所列名称不完全包括该货品的其他品目更为具体。

［规则三（1）应用举例］：汽车用风挡刮雨器→可能归入两个税号：第一，8708 的汽车零件，第二，第 85 章的电动工具→查阅第 16 类、第 17 类及第 84 章、第 85 章注释，并无具体规定→按规则三（1）应选列明最明确的品目→8512 是机动车风挡刮雨器，比8708 的汽车零件更为具体最终应归入 85124000。

但是，如果两个或两个以上品目都仅述及混合或组合货品所含的某部分材料或物质，或零售成套货品中的某些货品，即使其中某个品目比其他品目对该货品描述得更为全面、详细，这些货品在有关品目的列名应视为同样具体。在这种情况下，货品应按规则三（2）或（3）的规定进行归类。

（2）规则三（2）解释：

本款归类原则适用条件如下：混合物；不同材料的组合货品；不同部件的组合货品；零售的成套货品。此外，还必须注意只有在不能按照规则三（1）归类时，才能运用本款。也只有在可适用本款规定的条件下，货品才可按构成货品基本特征的材料或部件归类。

不同货品确定其基本特征的因素有所不同，一般来说确定商品的主要特征，可根据商品的外观形态、使用方式、主要用途、购买目的、价值比例、贸易习惯、商业习惯、生活习惯等诸多因素进行综合考虑分析来确定。

本款所称"零售的成套货品",是指同时符合以下三个条件的货品:第一,至少由两种看起来可归入不同编码的不同物品构成;第二,为了适应某一项活动的特别需要而将几件产品或物品包装在一起;第三,其包装形式适于直接销售给用户而货物无需重新包装的。

[规则三(2)应用举例]:由一块面饼、一个脱水蔬菜包、一个调味包组成的袋装方便面→按规则三(1)选最明确的品目第19章的面食构成了整袋方便面的基本特征,比干制蔬菜和调味料更具体→应归入19023030。

(3)规则三(3)解释:

只能用于不能按规则三(1)或三(2)归类的货品。它规定商品应归入同样值得考虑的品目中的顺序排列为最后的品目内。但相互比较的编码或品目只能同级比较。也就是说如果看起来一个商品可以归入两个或两个以上品目时,比较起来每个品目都同样具体,那么就按在商品编码表中位置靠后的那个品目进行归类。

[规则三(3)应用举例]:浅蓝色的平纹机织物,由50%棉、50%聚酰胺短纤织成每平方米重量超过170克→查阅类、章标题,棉属第52章聚酰胺属第55章→查阅第11类和第52章、第55章注释,并未提到该合成织物的归类→查阅第11类和第52章、第55章注释,并未提到该合成织物的归类→按聚酰胺应归5514。所以应从后归入55143010。

5. 规则四

1)规则四条文内容

"根据上述规则无法归类的货品,应归入与其最相类似的品目。"

2)规则四解释

这条规则所述的"最相类似",是指名称、功能、用途或结构上的相似。实际操作中往往难以统一认识。一般来说,这条规则不常使用,尤其在HS编码中,每个品目都下设有"其他"子目,不少章节单独列出"未列名货品的品目"(例如编码8479、8543、9031等)来收容未考虑到的商品。因此,规则四实际使用频率很低。

本条规则的使用方法如下:待归商品→列出最相类似的商品的归类品目→从中选择一个最适合的品目。

6. 规则五

1)规则五条文内容

"除上述规则外,本规则适用于下列货品的归类:

"(1)制成特殊形状仅适用于盛装某个或某套物品并适合长期使用的,如照相机套、乐器盒、枪套、绘图仪器盒、项链盒及类似容器,如果与所装物品同时进口或出口,并通常与所装物品一同出售的,应与所装物品一并归类。但本款不适用于本身构成整个货品基本特征的容器。

"(2)除规则五(1)规定的以外,与所装货品同时进口或出口的包装材料或包装容器,如果通常是用来包装这类货品的,应与所装货品一并归类。但明显可重复使用的包装材料和包装容器可不受本款限制。"

2)规则五解释

规则五是一条关于包装物品归类的专门条款。

（1）规则五（1）解释：

规则五（1）仅适用于同时符合以下各条规定的容器：

①制成特定形状或形式，专门盛装某一物品或某套物品的，专门设计的，有些容器还制成所装物品的特殊形状。

②适合长期使用的，容器的使用期限与所盛装某一物品使用期限是相称的："在物品不使用期间，这些容器还起保护作用"。

③与所装物品一同进口或出口，不论其是否为了运输方便而与所装物品分开包装；单独进口或出口的容器应归入其应归入相应的品目。

④通常与所装物品一同出售的。

⑤包装物本身并不构成整个货品基本特征，即包装物本身无独立使用价值。

规则五（1）不适用于本身构成整个商品基本特征的容器。例如，装有茶叶的银质茶叶罐，银罐本身价值昂贵，远远超出茶叶的价格，并已构成整个货品的基本特征，因此应按银制品归入税目71141100；又如装有糖果的成套装饰性瓷碗应按瓷碗归类而不是按糖果归类。

（2）规则五（2）解释：

规则五（2）实际上是对规则五（1）规定的补充。当包装材料或包装容器不符合规则五（1）条件时，如果通常是用来包装某类货品的，则应与所装货品一同归类。但本款不适用于明显可以重复使用的包装材料或包装容器，例如，装有压缩液化气体的钢瓶应按钢铁制品和液化气分别归类。

7. 规则六

1）规则六条文内容

"货品在某一品目项下各子目的法定归类，应按子目条文或有关的子目注释以及以上各条规则来确定，但子目的比较只能在同一数级上进行。除条文另有规定的以外，有关的类注、章注也适用于本规则。"

2）规则六解释

（1）以上规则一至五在必要的地方加以修改后，可适用于同一品目下的各级子目。

（2）规则六中所称"同一数级"子目，是指同为五位数级或同为六位数级的子目。据此，当按照规则三（1）规定考虑某一物品在同一品目项下的两个及两个以上五位数级子目的归类时，只能依据有关的五位数级子目条文来确定哪个五位数级子目所列名称更为具体或更为类似。只有在确定了列名更为具体的五位数级子目后，而且该子目项下又再细分了六位数级子目时，才能根据有关六位数级子目条文考虑物品应归入这些六位数级子目中的哪个子目。

（3）"除条文另有规定的以外"是指类、章注释与子目条文或子目注释不相一致的情况。例如，第71章注释四（2）所规定的"铂"的范围，与第71章子目注释二所规定的"铂"的范围不相同。因此，在解释子目号711011及711019的范围时，应采用子目注释二，而不应考虑该章注释四（2）。即类、章注释与子目注释的应用次序为：子目注释→章注释→类注释。

（4）某个五位数级子目下所有六位数级子目的商品总和不得超出其所属的五位数级

子目的商品范围；同样，某个四位数级税目下所有五位数级子目的商品总和也不得超出其所属的四位数级品目的商品范围。

总之，规则六表明，只有在货品归入适当的四位数级品目后，方可考虑将它归入合适的五位数级或六位数级子目，并且在任何情况下，应优先考虑五位数级子目后再考虑六位数级子目的范围或子目注释。此外，规则六注明只有属同一级别的子目才可作比较并进行归类选择，以决定哪个子目较为合适；比较方法为同级比较，层层比较。

［规则六应用举例］：金属制带软垫的理发用椅→可涉及的品目：9401 和 9402→因该两子目不是同一 4 位数级下的子目，因此不能比较→所以应先看哪个 4 位品目更适合→ 9402 → 9402 列名更具体→ 9402 下比较应归 94021010。

- 学生要完成这一环节的实训，需了解进出口商品归类的规则与方法。
- 有关详细知识点，学生可参考下列资源：

《报关实务》第六章"进出口商品归类"（财政部规划教材、全国高等院校财经类教材，贺政国主编，中国财政经济出版社，2014 年）。

（三）进出口税费的计算

1. 关税

（1）关税的特点

①关税是流转税。关税是海关代表国家按有关的政策与法规（税法及进出口税则），对准许进出关境的货物和物品向纳税义务人征收的一种流转税。

②关税是一种国家税收。关税的征税主体是国家；关税的课税对象是进出关境的货物和物品；关税的纳税义务人是依法负有直接向国家缴纳关税义务的单位或个人（进/出口货物收/发货人、进出境物品的所有人）。

2. 进口关税

进口关税指一国海关以进境货物和物品为课税对象所征收的关税。征收进口关税是一种重要的经济保护手段。

进口关税的计征方法有四种：

①从价税。计税标准：货物、物品价格；税率：应征税额占货物价格的百分比。

②从量税。计税标准：货物、物品的计量单位；以每一计量单位的应征税额征收。

③复合税。同时使用从价税和从量税两种标准计税，按两者之和作为应征税额征收的关税。

④滑准税。按产品的价格高低分档制定税率，再根据商品的价格变动而增减税率。价格高税率降低，价格降低则税率调高。

目前，我国对关税配额外进口一定数量的棉花实行 5% ~40% 滑准税，目的是使棉花商品的国内市场价格保持稳定。

（2）进口关税的种类

进口关税分为正税和附加税。

①进口正税：按《进出口税则》中的进口税率征收的关税。

②进口附加税：正税之外另行征收的一种进口税，具有临时性，但不准随意征收。

例如反倾销税、反补贴税等。

反倾销税：为抵制外国商品倾销进口，保护国内相关产业而征收的一种进口附加税。是我国目前征收的主要的进口附加税，其征收额度不超出倾销幅度。

我国对倾销的认定：①以低于其正常价值出口到我国；②对我国相关企业造成实质性损害。

反倾销税计算公式：

$$反倾销税税额 = 完税价格 × 适用的反倾销税税率$$

**3. 出口关税**

出口关税是指以出境货物、物品为课税对象所征收的关税（主要以从价税计征）。

开征出口关税是为了限制、调控某些商品的过渡、无序出口，特别是防止本国一些重要自然资源和原材料的无序出口。

**4. 进口环节海关代征税**

进口货物、物品海关放行后，进入国内流通领域，应征国内税。

由海关环节征收的国内税有增值税、消费税。

①增值税。增值税是以商品的生产、流通和劳务服务各个环节所创造的新增价值为课税对象的一种流转税。

进口环节增值税由海关征收，50 元起征，税率调整和减免由国务院规定；其他环节增值税由税务机关征收。

增值税的征收范围为我国境内销售货物（销售不动产或免征的除外）、进口货物和提供加工、修理、修配劳务的单位或个人。

②消费税。消费税是以消费品或消费行为的流转额作为课税对象而征收的一种流转税。

征收消费税的目的是调节我国的消费结构，引导消费方向，确保国家财政收入。

进口应税消费品的消费税由海关征收，50 元起征，税率税目的调整由国务院决定；采用从价、从量和复合计税的方法计征。

消费税的征收范围：仅限少数消费品，大致分为四类：

A. 一些过度消费会对人的身体健康、社会秩序、生态环境等方面造成危害的特殊消费品，例如烟、酒、酒精、鞭炮、焰火等；

B. 奢侈品、非生活必需品，例如贵重首饰及珠宝玉石、化妆品及护肤护发品等；

C. 高能耗的高档消费品，例如小轿车、摩托车、汽车轮胎等；

D. 不可再生和替代的资源类消费品，例如汽油、柴油等。

③船舶吨税。船舶吨税是由海关在设关口岸对进出、停靠我国港口的国际航行船舶征收的一种使用税。

征收目的：建设航道设施。

征收依据：国际航行船舶在我国港口行驶，使用了我国的港口和助航设备，应缴纳一定的税费；征收了船舶吨税的船舶不再征收车船税，对已经征收车船使用税的船舶，不再征收船舶吨税；船舶吨税的税率分为优惠税率和普通税率。

税率：与我国签订互惠协议的国家或地区适用船舶吨税优惠税率；未与我国签订互惠

协议的国家或地区适用船舶吨税普通税率。香港、澳门籍船舶适用船舶吨税优惠税率。

征收范围：在我国港口行驶的外国籍船舶；外商租用（程租除外）的中国籍船舶；中外合营海运企业自有或租用的中、外国籍船舶；我国租用的外国籍国际航行船舶。香港、澳门特别行政区为单独关税区。对于香港、澳门特别行政区海关已征收船舶吨税的外国籍船舶，进入内地港口时，仍应照章征收船舶吨税。

④滞报金。进口货物收货人未按规定期限向海关申报产生滞报的，由海关按规定征收滞报金。进口货物滞报金按日计征。起始日和截止日均计入滞报期间。

进口货物收货人在向海关传送报关单电子数据申报后，未在规定期限或核准的期限内提交纸质报关单，海关予以撤销电子数据报关单处理，进口货物收货人因此重新向海关申报产生滞报的，滞报金的征收，以自运输工具申报进境之日起第 15 日为起始日，以海关重新接受申报之日为截止日。

进口货物收货人申报并经海关依法审核，必须撤销原电子数据报关单重新申报，产生滞报的，经进口货物收货人申请并经海关审核同意，滞报金的征收，以撤销原电子数据报关单之日起第 15 日为起始日，以海关重新接受申报之日为截止日。

滞报金的日征收金额为进口货物完税价格的 0.5‰，以我国货币"元"为计征单位，不足人民币 1 元的部分免予计收。

征收滞报金的计算公式为：

$$滞报金额 = 进口货物完税价格 \times 0.5‰ \times 滞报期间（滞报天数）$$

滞报金的起征点为人民币 50 元。

滞报金的计征起始日如遇法定节假日，则顺延至其后第一个工作日。

根据海关规定，因不可抗力等特殊情况产生的滞报可以向海关申请减免滞报金。

- 学生要完成这一环节的实训，需了解进出口税费的分类及计算方法。
- 有关详细知识点，学生可参考下列资源：

《报关实务》第七章进出口税费的征收（财政部规划教材、全国高等院校财经类教材，贺政国主编，中国财政经济出版社，2014 年）。

## 四、实训任务

通过报关环节的实训，使学生了解进出口货物报关的流程，熟悉进出口商品归类，掌握进出口税率的计算。在此基础上，让学生逐步学会填制进出口报关单据。

（1）出口方小组需完成出口商品归类编码的查阅，出口商品税费计算等业务操作，根据合同及相关单据认真填制出口报关单；

（2）进口方小组需完成进口商品归类编码的查阅，进口商品税费核算等业务操作，根据合同及相关单据认真填制进口报关单。

## 五、实训步骤

（一）了解进出口报关单的内容和缮制方法

进出口报关单的内容和缮制方法如下：

1. 报关单预录入编号

报关单预录入编号指申报单位或预录入单位对该单位填制录入的报关单的编号，用于该单位与海关之间引用其申报后尚未批准放行的报关单。

报关单录入凭单的编号规则由申报单位自行决定。预录入报关单及 EDI 报关单的预录入编号由接受申报的海关决定编号规则，计算机自动打印。

2. 报关单海关编号

报关单海关编号指海关接受申报时给予报关单的编号。

报关单海关编号由各海关在接受申报环节确定，应标识在报关单的每一联上。

报关单海关编号为9位数码，由各直属海关统一管理。各直属海关对进口报关单和出口报关单应分别编号，并确保在同一公历年度内，能按进口和出口唯一地标识本关区的每一份报关单。

各直属海关的统计、理单部门可以对归档的报关单另行编制理单归档编号。理单归档编号不得在部门以外用于报关单标识。

3. 进口口岸/出口口岸

进口口岸/出口口岸指货物实际进(出)我国关境口岸海关的名称。

本栏目应根据货物实际进(出)口的口岸海关选择填报《关区代码表》中相应的口岸海关名称及代码。

进口转关运输货物应填报货物进境地海关名称及代码，出口转关运输货物应填报货物出境地海关名称及代码。

无法确定进(出)口口岸以及无实际进出口的报关单，填报接受申报的海关名称及代码。

4. 备案号

备案号指进出口企业在海关办理加工贸易合同备案或征、减、免税审批备案等手续时，海关给予《进料加工登记手册》、《来料加工及中小型补偿贸易登记手册》、《外商投资企业履行产品出口合同进口料件及加工出口成品登记手册》(以下均简称《登记手册》)、《进出口货物征免税证明》(以下简称《征免税证明》)或其他有关备案审批文件的编号。

具体填报要求如下：

①加工贸易报关单本栏目填报《登记手册》编号；少量低价值辅料按规定不使用《登记手册》的，填报"C + 关区代码 + 0000000"，不得为空；

②凡涉及减免税备案审批的报关单，本栏目填报《征免税证明》编号，不得为空；

③无备案审批文件的报关单，本栏目免于填报。

备案号长度为12位，其中第1位是标记代码。备案号的标记代码必须与"贸易方式"及"征免性质"栏目相协调。例如，贸易方式为来料加工，征免性质也应当是来料加工，备案号的标记代码应为"B"。

5. 进口日期/出口日期

进口日期指运载所申报货物的运输工具申报进境的日期。本栏目填报的日期必须与相应的运输工具进境日期一致。

出口日期指运载所申报货物的运输工具办结出境手续的日期。本栏目供海关打印报关单证明联使用,预录入报关单及 EDI 报关单均免于填报。

无实际进出口的报关单填报办理申报手续的日期。

本栏目为 6 位数,顺序为年、月、日各 2 位。

6. 申报日期

申报日期指海关接受进(出)口货物的收、发货人或其代理人申请办理货物进(出)口手续的日期。

预录入及 EDI 报关单填报向海关申报的日期,与实际情况不符时,由审单关员按实际日期修改批注。

本栏目为 6 位数,顺序为年、月、日各 2 位。

7. 经营单位

经营单位指对外签订并执行进出口贸易合同的中国境内企业或单位。

本栏目应填报经营单位名称及经营单位编码。经营单位编码为十位数字,指进出口企业在所在地主管海关办理注册登记手续时,海关给企业设置的注册登记编号。

特殊情况下确定经营单位编码原则如下:

①签订和执行合同如为两个单位,填报执行合同的单位;

②援助、赠送、捐赠的货物,填报直接接受货物的单位;

③进出口企业之间相互代理进出口,或没有进出口经营权的企业委托有进出口经营权的企业代理进出口的,以代理方为经营单位;

④外商投资企业委托外贸企业进口投资设备、物品的,外商投资企业为经营单位。

8. 运输方式

运输方式指载运货物进出关境所使用的运输工具的分类。

本栏目应根据实际运输方式按海关规定的《运输方式代码表》选择填报相应的运输方式。

特殊情况下运输方式的填报原则如下:

①非邮政方式进出口的快递货物,按实际运输方式填报;

②进出境旅客随身携带的货物,按旅客所乘运输工具填报;

③进口转关运输货物根据载运货物抵达进境地的运输工具填报,出口转关运输货物根据载运货物驶离出境地的运输工具填报;

④无实际进出口的,根据实际情况选择填报《运输方式代码表》中运输方式"7"(保税区)、"8"(保税仓库)或"9"(其他运输)。

9. 运输工具名称

运输工具名称指载运货物进出境的运输工具的名称或运输工具编号。

本栏目填制内容应与运输部门向海关申报的载货清单一致。

具体填报要求如下:

①江海运输填报船名及航次,或载货清单编号(注:按受理申报海关要求选填);

②汽车运输填报该跨境运输车辆的国内行驶车牌号码;

③铁路运输填报车次或车厢号,以及进出境日期;

④航空运输填报分运单号，无分运单的，本栏目为空；

⑤邮政运输填报邮政包裹单号；

⑥进口转关运输填报转关标志"@"及转关运输申报单编号，其中以铁路运输方式转关的，填报"@"+转关运输申报单编号+"/"+车厢号；出口转关运输只需填报转关运输标志"@"；

⑦进出保税区（运输方式代码"7"）填报保税区名称，进出保税仓库（运输方式代码"8"）填报保税仓库（出口监管仓库）名称；

⑧其他运输填报具体运输方式名称，例如：管道、驮畜等，无实际进出口的，本栏目为空。

10. 提运单号

提运单号指进出口货物提单或运单的编号。

本栏目填报的内容应与运输部门向海关申报的载货清单所列内容一致。

具体填报要求如下：

①江海运输填报进口提单号或出口运单号；

②铁路运输填报运单号；

③汽车运输免于填报；

④航空运输填报总运单号；

⑤邮政运输填报邮政包裹单号；

⑥无实际进出口的，本栏目为空。

一票货物对应多个提运单时，应按接受申报的海关规定，或分单填报，或填报一个提运单号和多提运单标志"+"及提运单数，其余提运单号填写打印在备注栏中或随附清单。

11. 收货单位/发货单位

（1）收货单位指进口货物在境内的最终消费、使用单位，包括：

①自行从境外进口货物的单位；

②委托有外贸进出口经营权的企业进口货物的单位。

（2）发货单位指出口货物在境内的生产或销售单位，包括：

①自行出口货物的单位；

②委托有外贸进出口经营权的企业出口货物的单位。

本栏目应填报收、发货单位的中文名称及其海关注册编码，无海关注册编码的，填报该企业的国家标准标识码。

12. 贸易方式

本栏目应根据实际情况按海关规定的《贸易方式代码表》选择填报相应的贸易方式简称或代码。

一份报关单只允许填报一种贸易方式，否则应分单填报。

13. 征免性质

征免性质指海关对进出口货物实施征、减、免税管理的性质类别。

本栏目应按照海关核发的《征免税证明》中批注的征免性质填报或根据实际情况按

海关规定的《征免性质代码表》选择填报相应的征免性质简称或代码。

一份报关单只允许填报一种征免性质，否则应分单填报。

14. 征税比例/结汇方式

征税比例仅用于"非对口合同进料加工"贸易方式下（代码"0715"）进口料、件的进口报关单，填报海关规定的实际应征税比率，例如5%填报5，15%填报15。

出口报关单应填报结汇方式，即出口货物的发货人或其代理人收结外汇的方式。本栏目应按海关规定的《结汇方式代码表》选择填报相应的结汇方式名称或代码。

15. 许可证号

本栏目用于应申领进（出）口许可证的货物。此类货物必须填报外经贸部及其授权发证机关签发的进（出）口货物许可证的编号，不得为空。

一份报关单只允许填报一个许可证号，否则应分单填报。

16. 起运国（地区）/运抵国（地区）

起运国（地区）指进口货物起始发出的国家（地区）。

运抵国（地区）指出口货物直接运抵的国家（地区）。

对发生运输中转的货物，如中转地未发生任何商业性交易，则起、抵地不变，如中转地发生商业性交易，则以中转地作为起运/运抵国（地区）填报。

本栏目应按海关规定的《国别（地区）代码表》选择填报相应的起运国（地区）或运抵国（地区）中文名称或代码。

无实际进出口的，本栏目填报"中国"（代码"142"）。

17. 装货港/指运港

装货港指进口货物境外起始发出港。

指运港指出口货物运往境外的最终目的港；最终目的港不可预知的，可按尽可能预知的目的港填报。

本栏目应根据实际情况按海关规定的《港口航线代码表》选择填报相应的港口中文名称或代码。

进口报关单装货港所属国家（地区）应与起运国（地区）一致，出口报关单指运港所属国家（地区）应与运抵国（地区）一致。

在运输中转地换装运输工具但未发生商业性交易的货物，运输单证上的装货港可以与起运地不一致。

无实际进出口的，本栏目为空。

18. 境内目的地/境内货源地

境内目的地指进口货物在国内的消费、使用地或最终运抵地。

境内货源地指出口货物在国内的产地或原始发货地。

本栏目应根据进口货物的收货单位、出口货物生产厂家或发货单位所属国内地区，按海关规定的《国内地区代码表》选择填报相应的国内地区名称或代码。

19. 批准文号

进口报关单本栏目暂空。

出口报关单本栏目用于填报《出口收汇核销单》编号。

20. 成交方式

本栏目应根据实际成交价格条款按海关规定的《成交方式代码表》选择填报相应的成交方式代码。

无实际进出口的，进口填报 CIF 价，出口填报 FOB 价。

21. 运费

本栏目用于成交价格中不包含运费的进口货物或成交价格中含有运费的出口货物，应填报该份报关单所含全部货物的国际运输费用。可按运费单价、总价或运费率三种方式之一填报，同时注明运费标记，并按海关规定的《货币代码表》选择填报相应的币种代码。

运保费合并计算的，运保费填报在本栏目。

运费标记"1"表示运费率，"2"表示每吨货物的运费单价，"3"表示运费总价。例如：5% 的运费率填报为 5/1；24 美元的运费单价填报为 502/24/2；7000 美元的运费总价填报为 502/7000/3。

22. 保费

本栏目用于成交价格不包含保险费的进口货物或成交价格中含有保险费的出口货物，应填报该份报关单所含全部货物国际运输的保险费用。可按保险费总价或保险费率两种方式之一填报，同时注明保险费标记，并按海关规定的《货币代码表》选择填报相应的币种代码。

运保费合并计算的，运保费填报在运费栏目中。

保险费标记"1"表示保险费率，"3"表示保险费总价。例如：3‰ 的保险费率填报为 0.3/1；10000 港元保险费总价填报为 110/10000/3。

23. 杂费

杂费指成交价格以外的、应计入完税价格或应从完税价格中扣除的费用，如手续费、佣金、回扣等，可按杂费总价或杂费率两种方式之一填报，同时注明杂费标记，并按海关规定的《货币代码表》选择填报相应的币种代码。

应计入完税价格的杂费填报为正值或正率，应从完税价格中扣除的杂费填报为负值或负率。

杂费标记"1"表示杂费率，"3"表示杂费总价。例如：应计入完税价格的 1.5% 的杂费率填报为 1.5/1；应从完税价格中扣除的 1% 的回扣率填报为 −1/1；应计入完税价格的 500 英镑杂费总价填报为 303/500/3。

24. 合同协议号

本栏目应填报进（出）口货物合同（协议）的全部字头和号码。

25. 件数

本栏目应填报有外包装的进（出）口货物的实际件数。

26. 包装种类

本栏目应填报进（出）口货物的实际外包装种类，如木箱、纸箱、铁桶、裸装、散装等。

27. 毛重（公斤）

毛重指货物及其包装材料的重量之和。

本栏目填报进（出）口货物实际毛重，计量单位为公斤。

28. 净重（公斤）

净重指货物的毛重减去外包装材料后的重量，即商品本身的实际重量。

本栏目填报进（出）口货物的实际净重，计量单位为公斤。

29. 集装箱号

集装箱号指装载货物进出境的集装箱两侧标识的全球唯一的编号。

本栏目填报装载进（出）口货物的集装箱编号。一票货物多集装箱装载的，填报其中之一，其余集装箱编号在备注栏填报或随附清单。

30. 随附单据

随附单据指随进（出）口货物报关单一并向海关递交的单证或文件。合同、发票、装箱单、许可证等必备的随附单证不在本栏目填报。

本栏目应按海关规定的《监管证件名称代码表》选择填报相应证件的代码，并填报每种证件的编号（编号打印在备注栏下半部分）。

31. 用途/生产厂家

进口货物填报用途，应根据进口货物的实际用途按海关规定的《用途代码表》选择填报相应的用途名称或代码。

生产厂家指出口货物的境内生产企业。本栏目供必要时手工填写。

32. 标记唛码及备注

本栏目下部供打印随附单据栏中监管证件的编号，上部用于选报以下内容：

①受外商投资企业委托代理其进口投资设备、物品的外贸企业名称；

②一票货物多个集装箱的，在本栏目填报其余的集装箱号；

③一票货物多个提运单的，在本栏目填报其余的提运单号；

④标记唛码等其他申报时必须说明的事项。

33. 商品项号

本栏目分两行填报及打印。第一行打印报关单中的商品排列序号。第二行专用于加工贸易等已备案的货物，填报和打印该项货物在《登记手册》中的项号。

34. 商品编号

商品编号指按海关规定的商品分类编码规则确定的进（出）口货物的商品编号。

35. 商品名称、规格型号

本栏目分两行填报及打印。第一行打印进（出）口货物规范的中文商品名称，第二行打印规格型号。必要时在中文商品名称及规格型号说明外，加注原文的名称或名称的关键说明部分。

具体填报要求如下：

①商品名称及规格型号应据实填报，并与所提供的商业发票相符。

②商品名称应当规范，规格型号应当足够详细，以能满足海关归类、审价以及监管的要求为准。禁止、限制进出口等实施特殊管制的商品，其名称必须与交验的批准证件

上的商品名称相符。

③加工贸易等已备案的货物，本栏目填报录入的内容必须与备案登记中同项号下货物的名称与规格型号一致。

36. 原产国（地区）/最终目的国（地区）

原产国（地区）指进口货物的生产、开采或加工制造国家（地区）。

最终目的国（地区）指出口货物的最终实际消费、使用或进一步加工制造国家（地区）。

本栏目应按海关规定的《国别（地区）代码表》选择填报相应的国家（地区）名称或代码。

37. 数量及计量单位

数量及计量单位指进（出）口商品的实际成交数量及计量单位。

本栏目分三行填报及打印。

具体填报要求如下：

①进出口货物必须按统计法定计量单位填报。海关统计法定第一计量单位及数量打印在本栏目第一行。

②凡海关统计列明第二计量单位的，必须报明该商品第二计量单位及数量，打印在本栏目第二行。无统计第二计量单位的，本栏目第二行为空。

③成交计量单位与海关统计计量单位不一致时，还需填报成交计量单位及数量，打印在本栏目第三行。成交计量单位与海关统计法定计量单位一致时，本栏目第三行为空。

④加工贸易等已备案的货物，成交计量单位必须与备案登记中同项号下货物的计量单位一致，不相同时必须修改备案或转换一致后填报。

38. 单价

本栏目应填报同一项号下进（出）口货物实际成交的商品单位价格。无实际成交价格的，本栏目填报货值。

39. 总价

本栏目应填报同一项号下进（出）口货物实际成交的商品总价。无实际成交价格的，本栏目填报货值。

40. 币制

币制指进（出）口货物实际成交价格的币种。

本栏目应根据实际成交情况按海关规定的《货币代码表》选择填报的相应的货币名称或代码，如《货币代码表》中无实际成交币种，需转换后填报。

41. 征免方式

征免方式指海关对进（出）口货物进行征税、减税、免税或特案处理的实际操作方式。

本栏目应按照海关核发的《征免税证明》或有关政策规定，对报关单所列每项商品选择填报海关规定的《征减免税方式代码表》中相应的征、减、免税方式。

42. 税费征收情况

本栏目供海关批注进（出）口货物税费征收及减免情况。

43. 录入员

本栏目用于预录入和 EDI 报关单打印录入人员的姓名。

44. 录入单位

本栏目用于预录入和 EDI 报关单打印录入单位名称。

45. 填制日期

填制日期指报关单的填制日期。预录入和 EDI 报关单由计算机自动打印。

本栏目为 6 位数，顺序为年、月、日各 2 位。

46. 申报单位

本栏目指报关单左下方用于填报申报单位有关情况的总栏目。

申报单位指对申报内容的真实性直接向海关负责的企业或单位。自理报关的，应填报进（出）口货物的经营单位名称及代码；委托代理报关的，应填报经海关批准的专业或代理报关企业名称及代码。本栏目内应加盖申报单位有效印章。

本栏目还包括报关员姓名、单位地址、邮编和电话等分项目，由申报单位的报关员填报。

47. 海关审单批注栏

本栏目指供海关内部作业时签注的总栏目，由海关关员手工填写在预录入报关单上。其中"放行"栏填写海关对接受申报的进出口货物作出放行决定的日期。

（二）进出口报关单的填制

1. 出口报关单的填制

出口报关单（the export declaration）是由海关总署统一格式印制，出口企业在装运前填制，经海关审核、签发后生效的法律文书。出口报关单是海关依法监督货物出口、征收关税、编制海关统计以及处理其他海关业务的重要凭证。出口货物报关单的填制参见上述"进出口报关单的内容和缮制方法"的相关内容。

2. 进口报关单的填制

进口报关单（the import cargo declaration）是进口货物的收货人或其代理人向海关申报货物进口的凭证，亦是海关验收进口货物的主要依据。

进口货物报关单的填制参见前述进出口货物报关单内容缮制方法中的相关内容。

## 六、考核与评价

| 序号 | 考核内容 | 评价标准 | | | | |
|---|---|---|---|---|---|---|
| | | 优 | 良 | 中 | 合格 | 不合格 |
| 1 | 进出口商品归类 | 进出口商品归类是否正确、完整 | | | | |
| 2 | 进出口税费计算 | 进出口税费计算是否准确、熟练 | | | | |
| 3 | 进出口报关单的填制 | 进出口报关单制作的完整性、准确性和规范性，对进出口报关单和合同之间的关系是否理解准确。 | | | | |
| 4 | 团队分工与合作 | 团队分工合作是否明确，团队配合是否高效。 | | | | |

## ［进口货物报关单样本］

### 中华人民共和国进口货物报关单

| 进口口岸 | 备案号 | | 进口日期 | 申报日期 |
|---|---|---|---|---|
| 经营单位 | 运输方式 | 运输工具名称 | | 提运单号 |
| 收货单位 | 贸易方式 | 征免性质 | | 征税比例 |
| 许可证号 | 起运国（地区） | 装货港 | | 境内目的地 |
| 批准文号 | 成交方式 | 运费 | 保费 | 杂费 |
| 合同协议号 | 件数 | 包装种类 | 毛重（千克） | 净重（千克） |
| 集装箱号 | 随附单据 | | | 用途 |

标记唛码及备注

| 项号 | 商品编号 | 商品名称\规格型号 | 数量及单位 | 原产国（地区） | 单价 | 总价 | 币制 | 征免 |
|---|---|---|---|---|---|---|---|---|
| | | | | | | | | |
| | | | | | | | | |
| | | | | | | | | |
| | | | | | | | | |

税费征收情况

| 录入员 | 兹声明以上申报无讹并承担法律责任 | 海关审单批注及放行日期（签章） | |
|---|---|---|---|
| 录入单位 | 申报单位（签章） | 审单 | 审价 |
| 报关员 | | 征税 | 统计 |
| 单位地址 | | | |
| 邮编　　　　电话 | | 查验 | 放行 |
| 填制日期 | | | |

## [出口货物报关单样本]

### 中华人民共和国海关出口货物报关单

预录入编号：　　　　　　　　海关编号：

| 出口口岸　厦门海关 | | 备案号 | 出口日期<br>20150701 | 申报日期<br>20150701 |
|---|---|---|---|---|
| 经营单位<br>莆田市凯琳服装国际有限公司 | | 运输方式<br>江海运输 | 运输工具名称<br>CHANGJIANG V.30 | 提运单号<br>EW 20 |
| 发货单位<br>莆田市凯琳服装国际有限公司 | | 贸易方式<br>一般贸易 | 征免性质<br>一般征税 | 结汇方式<br>信用证 |
| 许可证号 | | 运抵国（地区）<br>美国 | 指运港<br>迈阿密 | 境内货源地 |
| 批准文号 | 成交方式<br>FOB | 运费 | 保费 | 杂费 |
| 合同协议号<br>XD023/2015 | 件数<br>600 | 包装种类<br>纸箱 | 毛重（公斤）<br>8400 | 净重（公斤）<br>7500 |
| 集装箱号<br>COSX663209 | 随附单据 | | | 生产厂家 |

| 标记唛码及备注<br>N/M | | | | | | | | |
|---|---|---|---|---|---|---|---|---|
| 项号 商品编号 | 商品名称、规格型号 | | 数量及<br>单位 | 最终目的<br>国（地区） | 单价 | 总价 | 币制 | 征免 |
| 1　42021290 | TRAVELLING BAG<br>COMFORTABLE FOAM BACK PANEL, REMOVABLE HIP BELT.<br>SIZE：13CM L＊9CM W＊18CM H<br>PACKING：1PC／BOX，10PCS／CARTON | | 6000 PCS | USA | 20 | 120000 | USD | 照章<br>征税 |

税费征收情况

续上表

| 录入员 | 录入单位 | 兹声明以上申报无讹并承担法律责任 | 海关审单批注及放行日期(签章) | |
|---|---|---|---|---|
| 报关员 | | | 审单　　　　审价 | |
| 单位地址　　　　　　申报单位(签章) | | | 征税　　　　统计 | |
| 福建莆田市仙游县枫亭镇兰友卧龙岗 | | | | |
| 邮编 351254 | 电话<br>86-594-7667208 | 填制<br>日期　　20150701 | 查验　　　　放行 | |

# 模块八 保险

## 一、实训目的要求

外贸保险是以对外贸易货物运输过程中的各种货物作为保险标的的保险。通过场景实训，使学生掌握不同贸易术语在保险方面的差异；掌握投保时具体险别选择的技巧、保险金额和保险费的计算方法；熟悉了解投保的业务操作流程及投保单和保险单的填制。

## 二、场景设计

**1. 在 CIF 贸易术语条件下**

出口商小组中选派两名同学，一名同学扮演出口公司投保业务员，负责办理投保手续；另一名同学扮演保险公司工作人员，负责办理保险业务。

**2. 在 CFR 或 FOB 贸易术语条件下**

进口商小组中选派两名同学，一名同学扮演进口公司投保业务员，负责办理投保手续；另一名同学扮演保险公司工作人员，负责办理保险业务。

注意：

①在国际货物买卖过程中，由哪一方负责办理投保，应根据买卖双方商订的价格条件来确定。如按 CIF 条件成交的出口货物，由卖方向当地保险公司办理投保手续。在办理时，应根据出口合同或信用证规定，在备妥货物并确定装运日期和运输工具后，按规定格式逐笔填制保险单，具体列明被保险人名称、保险货物项目、数量、包装及标志、保险金额、起止地点、运输工具名称、起止日期和投保险别，送保险公司投保，缴纳保险费，并向保险公司领取保险单证。如按 CFR 或 FOB 条件成交，则保险应由买方办理。

②投保的日期应不迟于货物装船的日期。投保金额若合同没有明示规定，应按 CIF 或 CIP 价格加成10%，如买方要求提高比率，一般情况下可以接受，但增加的保险费应由买方负担。

## 三、相关知识点

（1）学生要完成这一环节的实训，首先要掌握保险费的计算，而保险费的计算，关键要先计算出保险金额。在核算保险费用时，主要应记住以下几个公式：

$$保险金额 = CIF 价 \times (1 + 投保加成率)$$
$$保险费 = 保险金额 \times 保险费率$$

注：在进出口贸易中，根据有关的国际惯例，投保加成率通常为10%。出口商也可根据进口商的要求与保险公司约定不同的保险加成率。

如果是 FOB 或 CFR 条件成交，先要将 FOB 价或 CFR 价换算成 CIF 价，其换算公式如下：

CIF 价＝（FOB 价＋海运费）/［1－保险费率×（1＋投保加成率）］

CIF 价＝CFR 价/［1－保险费率×（1＋投保加成率）］

（2）在这一实训环节涉及的单证主要有：投保单和保险单。

- 有关详细知识点，学生可参考下列资源：

《新编国际贸易实务》第 4 章"国际货物运输保险"（普通高等教育"十二五"规划教材，王涛生、吴建功等编著，科学出版社，2014 年）
- 有关保险单据填制的详细解释，学生可参考下列参考资源：

《国际商务单证实务》第二章中的第四节"保险单"（余世明主编，暨南大学出版社，2011）。

网络资源：福步外贸论坛（FOB Business Forum），外贸配套服务 http://bbs.fobshanghai.com/，拓展阅读有关出口保险版块，了解实际外贸业务中具体操作及各种疑难点的处理办法。

## 四、实训任务（以 CIF 条件为例）

（一）了解填写规范，填制保单

1. 基本要求

出口商小组认真阅读外贸合同（如是信用证结算方式，须认真阅读信用证），完成投保单的填写，并随附商业发票；保险公司凭此出具保险单或保险凭证。投保单主要内容和项目要正确、齐全，因为保险公司系根据该投保申请单出具正式保险单。如果差错、不完整则影响将来安全、及时收汇，甚至造成国外拒付的事故。

2. 填写规范

海运出口货物投保单的填写规范如下：

（1）保险人（Insurer）

保险人又称承保人，是经营保险业务收取保险费和在保险事故发生后负责给付保险金的人，以法人经营为主。填写承保此批货物的保险公司的名称。一般各个保险公司会在自己公司的投保单上事先印制，以其自身为保险人。

（2）被保险人（The Insured）

被保险人是指根据保险合同，其财产利益或人身受保险合同保障，在保险事故发生后，享有保险金请求权的人。在进出口货物运输保险中，一般是出口方名称，即投保人或称"抬头"。这一栏填出口公司的名称。一般说来，买卖双方对货物的权利可凭单据的转移而转移，因此待交单结汇时，卖方将保险单背书转让给买方。

如信用证规定被保险人为受益人以外第三方，或作成"To Order of……"，应视情况确定接受与否。在 FOB 或 CFR 价格条件下，如国外买方委托卖方代办保险，被保险人栏可做成"×××（卖方）On Behalf of ×××（买方）"，并且由卖方按此形式背书。此时，卖方可凭保险公司出示的保费收据（Premium Receipt）作为向买方收费的凭证。

（3）运输标志（Marks and Numbers、Shipping Mark）

运输标志通常是由一个简单的几何图形和一些字母、数字及简单的文字组成，其作用在于使货物在装卸、运输、保管过程中容易被有关人员识别，以防错发错运。保单上的运输标志应与发票、提单上的标记一致。

（4）包装与数量（Package and Quantity）

本栏写明包装性质，如箱、包、捆、袋及具体数量，以集装箱装运的也注明。

（5）保险货物项目名称（Description of Goods）

本栏不能将货物写成百货、食品、电子产品等，而要填写具体品名，如服装、大米、小五金等。可填写统称，但不能与发票所列货名相抵触。

（6）保险货物金额（Amount Insured）

保险金额的加成百分比应严格按信用证或合同规定掌握。如未规定，应按 CIF 或 CIP 发票价格的110%投保。注意：投保单上的保险金额的写法应该是"进一取整"，所用币制应与发票一致。例如，保险金额经计算如果为 USD25676.16，则在投保单上填写"USD25677"。

（7）总保险金额（Total Amount Insured）

本栏应填写保险货物金额的英文大写。

（8）装载运输工具（Per Conveyance）

海运方式下填写船名加航次。例如：FENG NING V.9103；如整个运输由两次运输完成时，应分别填写一程船名及二程船名，中间用"/"隔开。此处可参考提单内容填写。例如：提单中一程船名为"Mayer"，二程为"Sinyai"，则填"Mayer/Sinyai"。

铁路运输填写运输方式"By Railway"加车号；航空运输为"By Air"；邮包运输为"By Parcel Post"。

（9）启运日期（Date of Commencement）

可只填"As Per B/L（符合提单）"，也可根据提单签发日期具体填写，如为备运提单应填装船日。但是要注意，UCP600 第28条 e 款规定，保险单据日期不得晚于发运日期，除非保险单据表明保险责任不迟于发运日生效。此栏目出保单时可暂时不填，待签发提单后再填不迟。

（10）起讫地点（From...Via...to）

起点指装运港，讫点指目的港。如发生转船，则写为：From...（装运港）To...（目的港）W/T 或 Via...（转运港）。例如：From Dalian To New York Via Hong Kong.

（11）承保险别（Conditions）

出口公司在制单时，先在副本上填写这一栏的内容，当全部保险单填好交给保险公司审核确认时，才由保险公司把承保险别的详细内容加注在正本保险单上。

填写承保险别时注意以下几点：

①应严格按照信用证的险别投保。

②如信用证没有具体规定险别，或只规定"Marine Risk"，"Usual Risk"或"Transport Risk"等，则可投保最低险别平安险"FPA"，或投保一切"All Risks"、水渍险"WA"或"WPA"、平安险"FPA"中的任何一种，另外还可以加保一种或几种附加险。

③如遇到来证要求投保的险别超出了合同规定，成交价格为 FOB 或 CFR，但来证却由卖方保险这种情况，如果买方同意支付额外保险费，可按信用证办理。

④投保的险别除注明险别名称外，还应注明险别适用的文本和日期。例如：Covering All Risks and War Risks as per Ocean Marin Cargo Clauses & Ocean Marin Cargo War Risks Clauses of The People's Insurance Company of China dated 1981 – 01 – 01. 在实际业务中，可采用缩写。例如上述条款可写成"...as per OMCC & OMCWRC of the PICC（CIC）dd 1981 – 01 – 01"或"...as per C. I. C. All Risks & War Risks dd 1981 – 01 – 01"。填写时，一般只需填险别的英文缩写，同时注明险别的来源，即颁布这些险别的保险公司，如"PICC"指中国人民保险公司，"C. I. C."指中国保险条款。并指明险别生效的时间，如 PICC 或 C. I. C. 颁布的险别生效时间是 1981 年 1 月 1 日。

⑤如来证要求使用伦敦协会条款（I. C. C），根据中国人民保险公司的现行做法，可以按信用证规定承保，保险单应按要求填制。

注意：目前的保险业务中不许对同一保险标的物投保自相矛盾的两个不同保险公司的承保险别。如来证要求"Insurance against All Risks as per Institute Cargo Clause（A）"，既要求投保中国人民保险公司的一切险，又要按照伦敦保险协会条款承保险种 A。虽然两种险别范围类似，但却不合规范。

⑥如信用证要求投保转船险（Unlimited Transshipment Risk），即使直达提单也应照做，以防在运输途中由于特殊原因转船而使货物受损。

⑦除信用证特别声明外，保险单内可加注免赔率。

（12）赔款偿付地点（Claim Payable at）

严格按照信用证规定打制；如来证未规定，则应打目的港。如信用证规定不止一个目的港或赔付地，则应全部照打。

（13）出单日期（Issuing Date）

出单日期指填保险单的日期。保险手续要求在货物离开出口仓库前办理。保险单的日期相应填写货物离开仓库的日期，或至少填写早于提单签发日、发运日或接受监管日。

（14）查勘、理赔代理人

查勘、理赔代理人是指货物出险时负责检验、理赔的承保人的代理人。通常检验与理赔为同一代理人，但根据需要也可以分开，各司其职。此栏无论信用证有否规定，都应注明查勘代理人。由保险公司填写负责在该地办理理赔的理赔员的名字，或委托赔付地某保险公司作为理赔代理。

①如果信用证规定在目的港以外的地方赔付，例如目的港在伦敦，赔付地在巴黎，

应注明伦敦的勘查代理人和巴黎的赔付代理人。

②如果来证规定有两个赔付地，则两个地点的代理人都应注明。

（15）投保人签字

由保险承保人或它们的代理人签字，也可只盖图章。右下角由保险公司法人签章。

（16）保单正本

中国人民保险公司出具的保险单一套五份，由一份正本 Original、一份副本 Duplicate 和三份副本 Copy 构成。具体如下：

①来证要求提供保单为"In duplicate"、"In two folds"、"in 2 copies"，则应提供一份正本 Original、一份副本 Duplicate 构成全套保单。

②根据 UCP600 第 28 条 b 款规定，如保险单据表明其以多份正本出具，所有正本均须提交。

（二）审单、改单

出口商小组需完成对保险公司开具的保险单进行认真审核，如有问题及时更正。

## 五、实训步骤（以 CIF 条件为例）

（1）出口商填制投保单，准备相关资料，缴纳保险费，向保险公司提交投保单。

（2）保险公司工作人员审核合同、投保单，填制保险单。

注意：在办理投保以后发现投保项目有变更或错漏，要及时以书面通知保险公司，保险公司视其具体情况或在原保单上更改，或出具批单，以防止可能产生的被动和不良后果。

## 六、考核与评价

| 序号 | 考核内容 | 评价标准 | | | | |
| --- | --- | --- | --- | --- | --- | --- |
| | | 优 | 良 | 中 | 合格 | 不合格 |
| 1 | 业务流程 | 业务流程是否熟练，业务办理所需资料是否齐全。 | | | | |
| 2 | 单据制作 | 单据制作的完整性、准确性和规范性，对单据和合同之间的关系是否理解准确。 | | | | |
| 3 | 团队分工与合作 | 团队分工合作是否明确，团队配合是否高效。 | | | | |

## [海洋出口货物投保单]

<table>
<tr><td colspan="5" align="center">**海运出口货物投保单**</td></tr>
<tr><td colspan="2">1）保险人：<br><br>中国人民财产保险有限公司</td><td colspan="3">2）被保险人：<br><br>Createx Clothing International Limited</td></tr>
<tr><td>3）标记</td><td>4）包装及数量</td><td colspan="2">5）保险货物项目</td><td>6）保险货物金额</td></tr>
<tr><td>N/M</td><td>600CTNS</td><td colspan="2">TRAVELLING BAG<br>COMFORTABLE FOAM BACK<br>PANEL, REMOVABLE HIP BELT.<br>SIZE：13CM L＊9CM W＊18CM H<br>PACKING：1PC/BOX, 10PCS/CARTON</td><td>USD 148,005.00</td></tr>
<tr><td colspan="5">7）总保险金额：（大写）<br>SAY U. S. DOLLARS ONE HUNDRED AND FORTY-EIGHT THOUSAND AND FIVE ONLY.</td></tr>
<tr><td>运输工具：</td><td>（船名）<br>CHANGJIANG</td><td colspan="2">（航次）<br>V. 30</td><td></td></tr>
<tr><td colspan="2">9）装运港： XIAMEN</td><td>10）目的港： MIAMI U. S. A.</td><td colspan="2">11）货物起运日期 JULY 1, 2015</td></tr>
<tr><td colspan="5">12）投保险别：All Risks and War Risk as per Ocean Marine Cargo Clause C. I. C. dated Jan. 1st, 1981</td></tr>
<tr><td colspan="2">13）投保日期：<br>JULY 1, 2015</td><td colspan="3">14）投保人签字：<br>Createx Clothing International Limited<br><br>Carrie Lin</td></tr>
</table>

## [海洋货物运输保险单]

<table>
<tr>
<td colspan="4" align="center">海 洋 货 物 运 输 保 险 单<br>MARINE CARGO TRANSPORTATION INSURANCE POLICY</td>
</tr>
<tr>
<td colspan="2" align="center">Invoice No. FU1011108</td>
<td colspan="2" align="center">Policy No. PO9810107</td>
</tr>
<tr>
<td colspan="4">Insured: Createx Clothing International Limited</td>
</tr>
<tr>
<td colspan="4">中国人民财产保险有限公司（以下简称本公司）根据被保险人的要求，及其所缴付约定的保险费，按照本保险单承担险别和背面所载条款与下列特别条款承保下列货物运输保险，特签发本保险单。<br>This policy of Insurance witnesses that the People's Insurance (Property) Company of China, Ltd. (hereinafter called "The Company"), at the request of the Insured and in consideration of the agreed premium paid by the Insured, undertakes to insure the undermentioned goods in transportation subject to conditions of the Policy as per the Clauses printed overleaf and other special clauses attached hereon.</td>
</tr>
<tr>
<td>货物标记<br>Marks of Goods</td>
<td>包装单位<br>Packing Unit</td>
<td>保险货物项目<br>Descriptions of Goods</td>
<td>保险金额<br>Amount Insured</td>
</tr>
<tr>
<td>N/M</td>
<td>600 CTNS</td>
<td>TRAVELLING BAG<br>COMFORTABLE FOAM BACK PANEL, REMOVABLE HIP BELT.<br>SIZE: 13CM L * 9CM W * 18CM H<br>PACKING: 1PC/BOX, 10PCS/CARTON</td>
<td>USD148005</td>
</tr>
<tr>
<td colspan="4">总保险金额:<br>Total Amount Insured: SAY U. S. DOLLARS ONE HUNDRED AND FORTY-EIGHT THOUSAND AND FIVE ONLY。</td>
</tr>
<tr>
<td>保费<br>Premium AS ARRANGED</td>
<td>开航日期<br>JULY 1, 2015</td>
<td colspan="2">载运输工具<br>Per conveyance S. S<br>CHANGJIANG V. 30</td>
</tr>
<tr>
<td colspan="4">承保险别<br>Conditions: COVERING ALL RISKS AND WAR RISK AS PER CIC DATED 01/01/1981.</td>
</tr>
<tr>
<td colspan="4">起运港 目的港<br>Form XIAMEN To    MIAMI</td>
</tr>
<tr>
<td colspan="4">所保货物，如发生本保险单项下可能引起索赔的损失或损坏，应立即通知本公司下述代理人查勘。如有索赔，应向本公司提交保险单正本（本保险单共有 2 份正本）及有关文件。如一份正本已用于索赔，其余正本则自动失效。<br>In the event of loss or damage which may result in acclaim under this Policy, immediate notice must be given to the Company's Agent as mentioned hereunder. Claims, if any, one of the Original Policy which has been issued in two original (s) together with the relevant documents shall be surrendered to the Company. If one of the Original Policy has been accomplished, the others to be void.</td>
</tr>
<tr>
<td colspan="4">赔款偿付地点<br>Claim payable atFLORIDA IN USD</td>
</tr>
<tr>
<td colspan="4">日期<br>Date JULY 13, 2015<br><br>中国人民财产保险有限公司<br>the People's Insurance (Property) Company of China, Ltd.<br>　　　　　　　　　　　　　　　　　　　　　LI HUA</td>
</tr>
</table>

# 模块九　出口结汇和进口付汇

## 一、实训目的要求

通过场景实训，理解国际贸易业务中常用结汇方式(T/T、D/P 和 L/C)的特点和要求；熟悉中国电子口岸"出口收汇"子系统操作；掌握常见结汇方式的业务操作流程及相关单据的填制。

## 二、场景设计

### (一)信用证结算方式

进口商小组中选派两名同学，一名同学扮演外贸业务员，负责办理付款赎单业务；另一名同学扮演进口地银行国际结算部工作人员，负责货款偿付。

出口商小组选派两名同学，一名同学扮演出口地银行国际结算部工作人员，负责审核出口结汇单据，对货款进行议付，并对进口地银行进行寄单索偿；另一名同学扮演出口商财务部业务人员，负责办理出口结汇和收汇业务。

### (二)电汇结算方式

进口商小组中选派两名同学，一名同学扮演财务部人员，负责办理申请汇款手续，填写电汇申请书，并缴付汇款及手续费；另一名同学扮演汇出行(进口地银行)国际结算部工作人员，负责向出口地银行传递电汇委托付款通知书。

出口商小组选派两名同学，一名同学扮演出口地银行国际结算部工作人员，负责向出口商传达电汇通知书，对货款进行结算；另一名同学扮演出口商财务部业务人员，凭汇款通知书取款。

### (三)托收结算方式

出口商小组选派两名同学，一名同学扮演出口商财务部人员，出口人按照合同规定装货并取得货运单据后，填写托收申请书，开出即期汇票，连同货运单据交托收行，委托代收货款；另一名同学扮演托收行(出口地银行)国际结算部工作人员，制作托收委托书，连同汇票、货运单据，交送进口地代收行，在收到代收行的转账后，向出口商交款。

进口商小组选派两名同学，一名同学扮演代收行(进口地银行)国际结算部工作人员，收到托收行交送的汇票及货运单据后，负责向进口商做付款提示，待进口商付款后交单，并通知出口地托收行，款已收妥办理转账业务。另一名同学扮演进口商财务部人员，负责审核全套货运单据，无误后付款。

### 三、相关知识点

学生要完成这一环节的实训，需了解常见结算方式 T/T、D/P、L/C 的当事人及基本流程，熟悉所涉及的单证，不同结算方式的基本业务流程以及中国电子口岸"出口收汇"操作系统。

1. 信用证项下外汇给付方式

信用证项下的出口单据经银行审核无误后，银行按照信用证规定的付汇条件，采取下述几种方式将外汇结付给出口商。

（1）议付

议付亦称押汇，指议付银行以单据为质押品先垫付汇票或发票面值给出口商，结算时须按面值扣除从议付日起到估计收到开证行或偿付行票款之日的利息。UCP600 对议付作了更为明确的表述，银行如仅仅审核单据而不支付价款不能称为议付。

议付行为了减小风险，不是每笔交单都愿意做押汇，通常只在下列条件下接受押汇：开证行资信良好；单、证严格相符；指定为该银行议付的或信用证规定可以自由议付的；开证行所在的国家政治、经济局势稳定，外汇不紧张，可自由汇兑。

出口单据做押汇，议付银行仍保留汇票或发票金额的追索权，如开证行拒付，议付行将会向出口商追还已垫付之款项。

议付行与出口商在叙做押汇时一般都由出口商提供"质押书"（Letter of Hypothecation）之类的书面文件。对垫付款项的追索往往作了有利于银行的规定。

（2）付款

付款与议付在概念上是不同的。在付款信用证下，付款银行如接受开证行的授权，对信用证的受益人作了付款，事后就没有追索权。这是议付与付款的主要区别。另外，议付须扣付汇程利息，付款则不应扣汇程利息。

（3）承兑

承兑适用于信用证项下的远期汇票。承兑或由开证行本身承兑，或由开证行授权指定之银行承兑。如被授权之银行同意承兑，并对出口商的远期汇票加以承兑，承兑行就必须在汇票到期日向受款人支付票款。如承兑行不同意承兑或到期不付款，开证行须承兑并到期付款。

（4）收妥结汇

议付银行收到出口商单据后不立即做押汇而将单证寄给开证行，待开证行（或偿付行）将外汇划给议付行后再转划给出口商，这种方式叫收妥结汇。

（5）定期结汇

议付行在收到出口商提交的单据后，经审核无讹后，将单据寄到国外索汇，并自交单日起一定期限内将货款外汇结付给出口商。

- 有关详细知识点，学生可参考下列资源：

《新编国际贸易实务》第六章"国际货款收付"（普通高等教育"十二五"规划教材，王涛生，吴建功等编著，科学出版社，2014年）；

《国际结算》（第四版），张东祥编著，首都经济贸易大学出版社出版，2014年。

2. 涉及的主要单证

在这一实训环节涉及的单证主要有：外贸合同、信用证、汇票、商业发票、装箱单、报关单、保险单、原产地证明书、提单等（信用证结算方式）；境外汇款申请书、电汇回执、电汇通知书和付讫借记通知书（电汇结算方式下）；托收委托书（托收结算方式下）。

- 有关单据填制的详细解释，学生可参考下列参考资源：

《国际贸易单证操作与解析》第四章"信用证催、审、改操作单证"和第12章"汇付和托收单证"（缪东玲编著，电子工业出版社，2012年）；

《国际贸易单证实务》第三章"国际贸易结算方式"（吴国新、李元旭编著，清华大学出版社，2012年）；

《国际商务单证实务》第一章"信用证"和第十章"信用证申请书"（余世明主编，暨南大学出版社）。

网络资源：福步外贸论坛（FOB Business Forum）|中国第一外贸论坛

http://bbs.fobshanghai.com/，拓展阅读有关信用证、汇付、托收、结算方式等版块，了解实际外贸业务中具体操作及各种疑难点的处理办法。

3. 不同结算方式的基本业务流程

参考本书实训模块四"支付方式"。

4. 中国电子口岸出口收汇系统

出口收汇系统是海关总署联合国家外汇管理总局共同开发的出口收汇核销单和出口收汇报关单联网核查系统。系统为出口收汇核销单建立了电子底账数据，核销单的基本信息以及各部门对核销单的操作情况都将保存在电子口岸数据中心，供外汇管理局查询并进行核销单挂失等各项操作；同时系统将海关总署采集的各口岸海关《出口报关单核销联》电子数据经电子口岸数据中心传送至外汇管理局，方便外汇管理局核查报关单和核销单的真实性。

具体操作如下：

①进入系统。

②首先将操作员IC卡插入连接在电脑上的IC卡读卡器中，然后打开Internet Explorer浏览器，在地址栏内输入电子口岸执法系统网址，进入电子口岸执法系统登录界面（图9-1）：

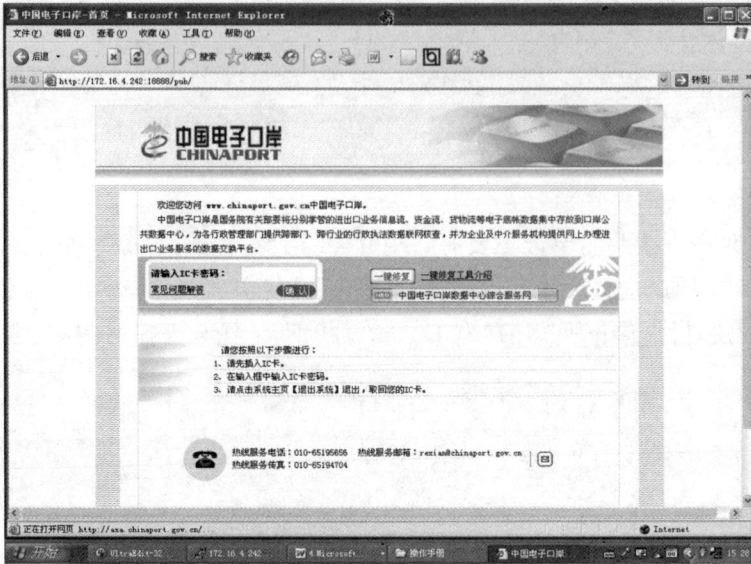

图 9 - 1

③输入操作员 IC 卡口令，点击确认，进入"中国电子口岸"子系统选择页面(图 9 - 2)：

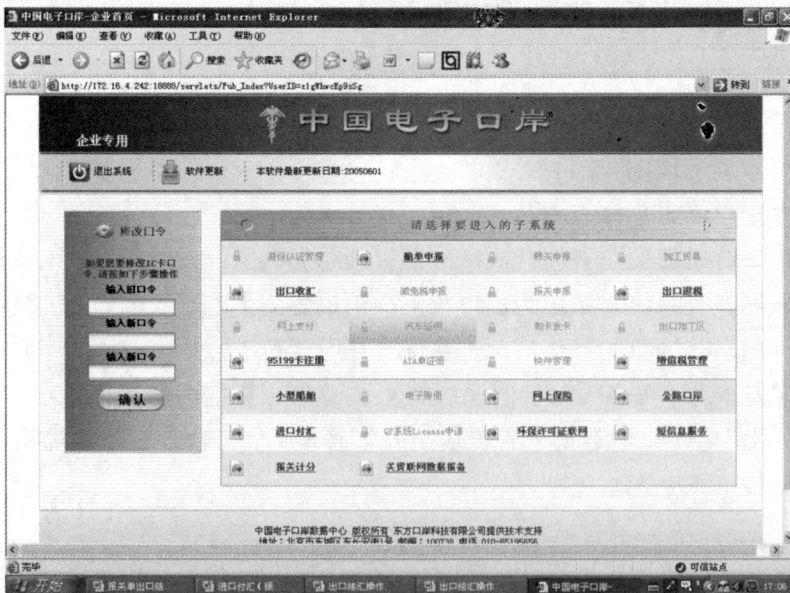

图 9 - 2

④点击图 9 - 2 中"出口收汇"，进入"出口收汇"系统后，点击左边菜单栏中"出口收

汇核查情况"，会打开下面三个下拉子菜单："收汇申请""业务数据查询"和"业务数据下载"（见图9-3）。

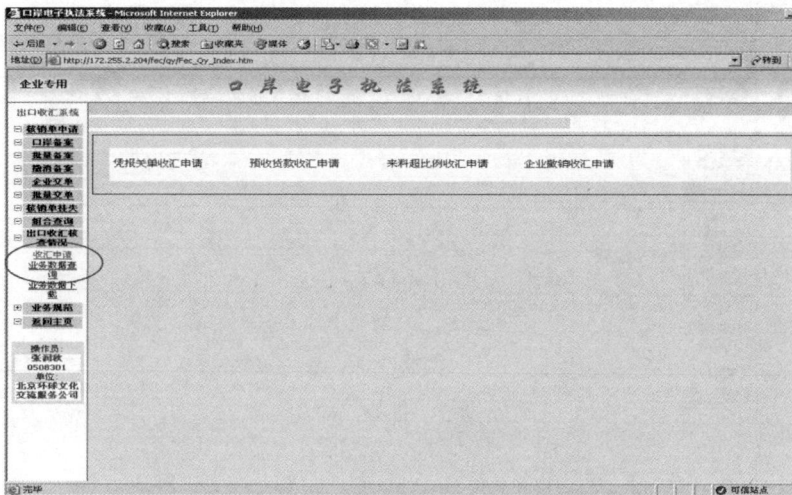

图9-3

⑤"收汇申请"为企业提供了网上提交收汇申请金额的功能，企业提交成功后可电话或传真通知银行，银行即可为之核注并进行账户划转。企业可自由选择银行柜台结汇和网上提交收汇申请两种方式之一。

"收汇申请"子系统共有四种可操作收汇类型：凭报关单收汇申请、预收货款收汇申请、来料超比例收汇申请、企业撤销收汇申请（见图9-4）。

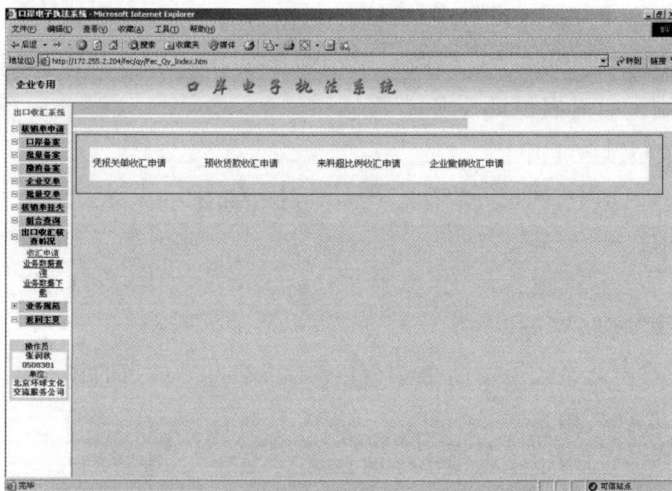

图9-4

第一种：凭报关单收汇申请。

点击如图9－4所示"凭报关单收汇申请"，进入如图9－5所示界面，逐一填写。

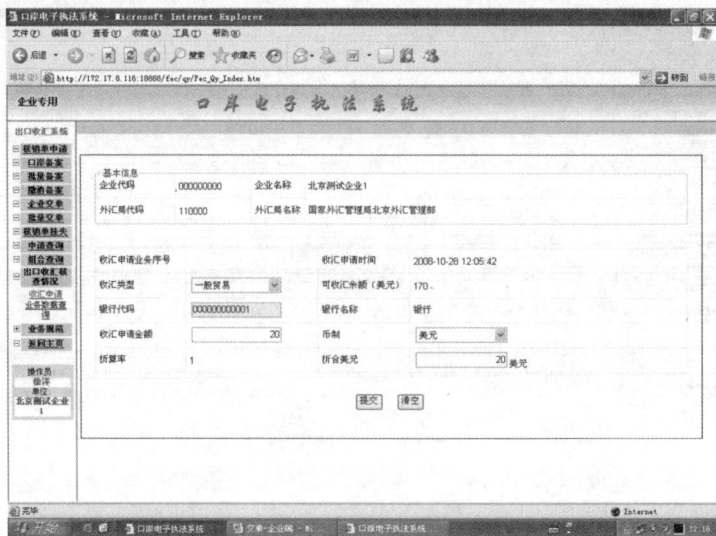

图9－5

操作注意事项：

● 企业必须根据自身需要结汇的报关单贸易方式选择对应的"收汇类型"。

● 企业必须录入结汇银行的12位银行代码，录入完毕后敲回车，调出银行名称。（如不回车，"提交"按钮显示灰色）。

● 企业根据需要录入收汇申请金额数量（不得超过当前可收汇余额，否则系统不予通过），并选择结汇所用币值。

● 点击"提交"，向指定银行提出申请；点击"清空"，重新录入。

● 提交成功后，系统返回一个"收汇申请业务序号"，请企业用户记录该序号，撤销申请或通知银行结汇时需提供此业务序号。

第二种：预收货款收汇申请。

点击如图9－4所示中"预收货款收汇申请"，进入如图9－6所示界面，逐一填写操作。

操作注意事项：

● 企业必须录入结汇银行的12位银行代码，录入完毕后敲回车，调出银行名称。（如不回车，"提交"按钮显示灰色）。

● 企业根据需要录入收汇申请金额数量（不得超过当前可收汇余额，否则系统不予通过），并选择结汇所用币值。

● 点击"提交"，向指定银行提出申请；点击"清空"，重新录入。

● 提交成功后，系统返回一个"收汇申请业务序号"，请企业用户记录该序号，撤销申请或通知银行结汇时需提供此业务序号。

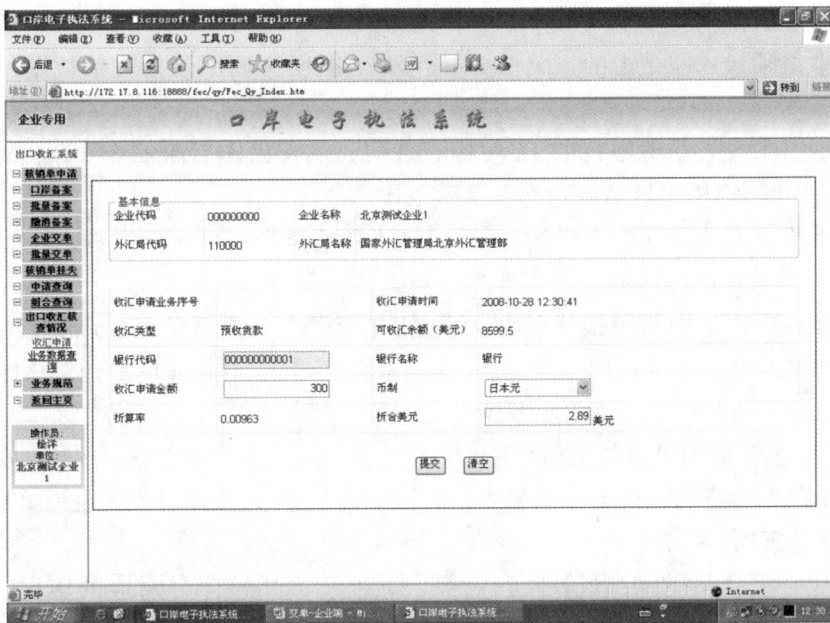

**图 9 - 6**

第三种：来料超比例收汇申请。

点击如图 9 - 4 所示中"来料超比例收汇申请"，进入如图 9 - 7 所示界面逐一填写操作。

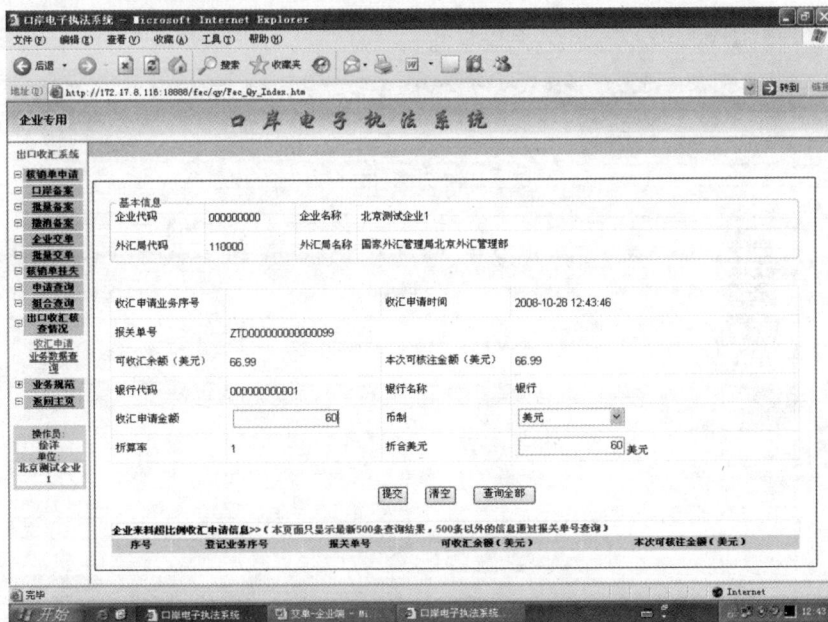

**图 9 - 7**

操作注意事项：

● 企业必须录入需结汇的报关单 18 位编码，敲回车调用该报关单数据，并激活其他的录入项。

● 企业必须录入结汇银行的 12 位银行代码，录入完毕后敲回车，调出银行名称。（如不回车，"提交"按钮显示灰色）。

● 企业根据需要录入收汇申请金额数量（不得超过当前可收汇余额，否则系统不予通过），并选择结汇所用币值，

● 点击"提交"，向指定银行提出申请；点击"清空"，重新录入。

● 提交成功后，系统返回一个"收汇申请业务序号"，请企业用户记录该序号，撤销申请或通知银行结汇时需提供此业务序号。

第四种：企业撤销出口收汇申请。

点击如图 9－4 所示中"企业撤销出口收汇申请"，进入操作界面，逐一填写操作。

操作注意事项：

● 企业必须录入"收汇申请业务序号"，敲回车调用该序号对应的历史申请数据。如不知道业务序号，可通过"业务数据查询"中的"收汇申请明细查询"功能获得，详见"收汇申请明细查询"菜单。

● 点击"提交"，向指定银行提出申请；点击"清空"，重新录入。

⑥业务数据查询子系统，可进行报关单信息查询、核注明细查询、可收汇余额查询、预收货款扣减明细查询、预收货款调整明细查询、超比例核注明细查询、无关单等级明细查询、收汇申请明细查询、出口收汇核销扣减明细查询、特殊情况审批明细查询、特殊情况全额核注明细查询（见图 9－8）。

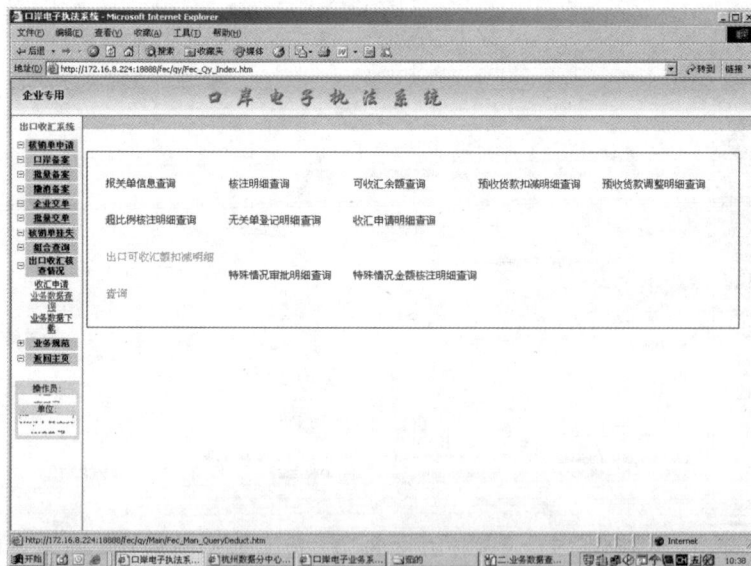

图 9－8

5.进口付汇操作程序

以预付货款为例：

①打开"国家外汇管理局网上服务平台"，输入企业代码、用户名及密码，登录。

②点击"预付货款登记管理"。

③点击"预付货款合同登记"。

④输入"合同号"、"签约时间"、"币种"、"合同金额"、"预计付汇日期"、"币种"、"预计货款金额"等，点击"添加"，生成一个合同序列号，记下该号码。

⑤点击"预付货款付汇登记"，输入上述"合同登记序列号"，输入"收款人"、"收款人地区国别"、"币种"、"付汇日期"等，点击"确定"，生成一个"付汇登记号"，记下该号码。此操作完成1天后，再进行下一步操作。

⑥点击"付汇银行的指定、变更"，输入上述"付汇登记序列号"，输入"付汇登记日期"。

## 四、实训任务（以信用证为例）

（1）进口商小组认真审核全套货运单据，完成付款赎单手续；

（2）出口商小组按信用证要求，制作汇票及全套货运单据，向出口地银行交单议付货款；熟悉中国电子口岸的"收汇"子系统业务操作。

## 五、实训步骤（以信用证为例）

1.出口商交单

（1）出口商制作汇票，在备妥所有结汇单据后，应在信用证规定的交单期内向相关银行交单议付。如信用证是限制议付信用证，则出口商必须向信用证规定的银行交单，如是自由议付信用证，则出口商可以向任何银行交单。

（2）制单基本要求。制单的基本要求是：正确（"六一致""一符合"）、完整（单据成套、内容齐备、份数不缺）、及时（出单及时和交单及时）、简明（内容）、整洁（填制）。

①正确。单证意义上的正确，要做到"六一致"：证同一致、单证一致、单单一致、单内一致、单货一致、单同一致；另外，还要符合有关国际惯例和进口国的法律法令对单据的特殊规定。例如，美国海关在"911事件"后加大了对进口货物的监管，制订了美国舱单系统（AMS，American Manifest System），输入美国的货物都必须提供舱单，一般船公司在出口结关前一天完成AMS的传输。世界各国银行在信用证业务中，绝大多数都在证内注明按照国际商会的UCP 600来解释。银行在审单时，除非信用证另有特殊规定外，都是以UCP 600作为审单的依据。因此，在缮制单据时，应注意不要与UCP 600的规定相抵触。

②完整。单据的完整包括单证种类、份数、单据本身的项目内容等齐全完整。如果单证种类不符合合同或信用证规定，正副本份数不全、格式使用不当、项目漏填、内容错误、签章不全等，就不能构成有效文件，交单议付时会被银行拒付。如签署和背书，

一般只需要一个章即可，但如果漏了盖章，此单据就成为"未签署"的单据；FORM A 产地证书中的"原产地标准栏"，仅需填原产地标准的字母代码或再加上税则号或进口成分，如果漏填或填写错误，此证书会失去效力。有些单据必须按照有关的国际法规和惯例办理。例如，提单和汇票都有它的主要事项，如缺少"主要项目"，即属不完整的单据，因而也就失去了它的法律效力。再如，国际商会《跟单信用证统一惯例》规定，凡信用证要求提供"已装船提单"（shipped B/L），提单的承运人必须在该提单上作成"装船批注"（on board notation），如果该提单未按规定加上"已装船"（on board）字样和装船日期等必要批注，银行将会拒绝接受，理由就在于"装船批注"的不完整。

完整的另一含义是指单证群体的完整性，如果缺少一套单据中的某一种，就破坏了单证群体的完整，不能被银行所接受。

③及时。单证工作的时间性很强，即处理单证要在一定时间内完成。国际贸易单证的时间性表现如下：

第一，单证之间的时间差必须符合进出口的程序。例如：发票日期应在各单据日期之首；箱单应等于或迟于发票日期，但必须在提单日期之前；运输单据的签发日期不能早于装箱单、检验证书和保险单的签发日期；保险单签发日期应早于或等于提单日期（一般早于两天），不早于发票日期；产地证日期不早于发票日期，不迟于提单日；商检日期不晚于提单日期，但也不能过分早于提单日，尤其是鲜活、容易变质的商品；受益人证明应等于或晚于提单日期；装船通知应等于或晚于提单日后两天内；船公司证明应等于或早于提单日；尚未取得正本的单据（如提单），应先就副本进行预审，无法提前拿到的单据（如商检证），应及时办理申办手续；有些进口国需要特定的海关发票或产地证等，应及时提供。如果违反上述基本原则，不符合进出口业务办理的程序逻辑，将被银行拒绝接受。

第二，单证本身的时限不可逾越。信用证一般都有装运期和有效期的规定，前者是对运输单据装运日期有限制，后者是对卖方向银行交单时期的限制。一经逾越，就失去信用证保证履行付款责任的条件，银行可以拒绝接受。

第三，单证的处理，除合同、信用证有特殊规定外，原则上应力求赶先不拖后，须知早出运、早交货、早结算可以加速货物和资金的流通，这是符合买卖双方共同利益的。

④简明。简明是指单据内容填制应参照信用证或合同规定和有关国际贸易惯例，力求简单明了，切勿加列不必要的内容，以免受制于人，弄巧成拙。

⑤整洁。整洁是从单据外观上提出的要求，指单据的格式设计和缮制力求标准、规范、清洁、美观、大方，各项内容简洁明了、字迹清楚、重点醒目。

总之，单证必须经过严格的审核，单证的一字之差，一字之错，往往酿成重大经济损失。

（3）信用证下交单需提供的单据：信用证下交单需提供以下单据：信用证正本及修改书（如有）；信用证要求的所有单据（通常在 46A，47A/B 等条款显示，主要有商业发票、提单、装箱单、保险单或保险凭证、产地证、检验证书、转船通知、受益人证明及其他要求）；汇票（如有，通常在信用证 42A/C/D 等条款显示）；客户交单联系单。

（4）参照外贸合同和信用证要求，制作汇票。

2.议付行议付并向开证行索偿

出口地银行国际结算业务部工作人员审核合同、信用证、汇票、全套货运单据及其他单据，无误后对出口商进行议付，并将全套单据转发进口地开证行进行索偿。

3.进口地银行审单偿付

进口地银行国际结算业务部工作人员审核全套单据，无误后对出口地银行进行偿付。

4.进口商付款赎单

进口商审核单据，无误后付款赎单。

## 六、考核与评价

| 序号 | 考核内容 | 评价标准 | | | | |
|---|---|---|---|---|---|---|
| | | 优 | 良 | 中 | 合格 | 不合格 |
| 1 | 业务流程 | 业务流程是否熟练，业务办理所需资料是否齐全。 | | | | |
| 2 | 单据制作 | 单据制作的完整性、准确性和规范性，对单据和合同之间的关系是否理解准确。 | | | | |
| 3 | 团队分工与合作 | 团队分工合作是否明确，团队配合是否高效。 | | | | |

## [跟单汇票样本]

凭_____出票　　　　　　　信用证
Drawn under City National Bank of Florida L/C NO. 01/0501 – FCT

号码　　　　　　　　　　　　　　　　日期　　　　福州
NO. _____　　　　　　　Dated JULY 5，2015　Fuzhou

汇票金额　　　　　　　　　　　　　按息_____% 支付
Exchange for USD120，000　　　　　Payable with interest @ _____%

见票_____日后(本汇票之副本未付)付交
AT _____＊＊＊_____ sight of this FIRST of Exchange (Second of Exchange being unpaid)

凭_____指定支付　　　　　　　　　金额(大写)
Pay to the order of ___ BANK OF CHINA FUZHOU BRANCH the sum of SAY U. S. DOLLARS ONE HUNDRED AND TWENTY THOUSAND ONLY

如数收讫
Value received

此致 TO：City National Bank of Florida

　　　　　　　　　　　　　　　　　Createx Clothing International Limited

# 中国银行福州分行
## 客户交单联系单
### 致：中国银行福州分行

兹随附下列信用证项下出口单据一套，请按国际商会第 600 号出版物《跟单信用证统一惯例》办理寄单索汇。

| 开证行：City National Bank of Florida | 信用证号：01/0501 – FCT |
|---|---|
| 通知行：中国银行福州分行 | 通知行编号：AD2006869105555 |

| 最迟装期：JULY. 15, 2015 | 效　期：JULY. 30, 2015 | 交单期限：15 天 |
|---|---|---|

| 汇票付款期限：AT SIGHT | 汇票金额：USD570，000.00 |
|---|---|
| 发票编号： | 发票金额：USD570，000.00 |

| 单据 | 名称 | 汇票 | 发票 | 海关发票 | 海运提单正本 | 海运提单副本 | 航空运单 | 货物收据 | 保险单 | 装箱/重量单 | 数量/质量/重量证 | 产地证 | GSP FORM A | 检验/分析证 | 受益人证明 | 船公司证明 | 电抄 | 装运通知 |
|---|---|---|---|---|---|---|---|---|---|---|---|---|---|---|---|---|---|---|
| | 份数 | 2 | 4 | 3 | 1 | | | | | 3 | | 1 | | | 1 | 1 | | 1 |

委办事项：打（"×"者）
（×）附信用证及修改书共 2 页。
（　）单据中有下列不符点：
（×）请向开证行寄单，我公司承担一切责任。
（　）请电提不符点，待开证行同意后再寄单。
（　）寄单方式：（×）特快专递　（　）航空挂号
（　）索汇方式：（　）电索　　（　）信索　（□特快专递 □航空挂号）

公司联系人：王华　　　　　联系电话：13957100000　　　公司签章：

| 银行审单记录： | 银行接单日期： | 寄单日期： |
|---|---|---|
| | 汇票/发票金额： | BP No： |
| | 通知/保兑： | 银行经办： |
| | 议/承/付： | |
| | 银行费用　修改费： | |
| | 邮　费： | 银行复核： |
| | 电　传： | |

附：

# 关于实施支持跨境电子商务
# 零售出口有关政策的意见

商务部　发展改革委　财政部　人民银行

海关总署　税务总局　工商总局　质检总局　外汇局

发展跨境电子商务对于扩大国际市场份额、拓展外贸营销网络、转变外贸发展方式具有重要而深远的意义。为加快我国跨境电子商务发展,支持跨境电子商务零售出口(以下简称电子商务出口),现提出如下意见:

## 一、支持政策

(一)确定电子商务出口经营主体(以下简称经营主体)。经营主体分为三类:一是自建跨境电子商务销售平台的电子商务出口企业,二是利用第三方跨境电子商务平台开展电子商务出口的企业,三是为电子商务出口企业提供交易服务的跨境电子商务第三方平台。经营主体要按照现行规定办理注册、备案登记手续。在政策未实施地区注册的电子商务企业可在政策实施地区被确认为经营主体。

(二)建立电子商务出口新型海关监管模式并进行专项统计。海关对经营主体的出口商品进行集中监管,并采取清单核放、汇总申报的方式办理通关手续,降低报关费用。经营主体可在网上提交相关电子文件,并在货物实际出境后,按照外汇和税务部门要求,向海关申请签发报关单证明联。将电子商务出口纳入海关统计。

(三)建立电子商务出口检验监管模式。对电子商务出口企业及其产品进行检验检疫备案或准入管理,利用第三方检验鉴定机构进行产品质量安全的合格评定。实行全申报制度,以检疫监管为主,一般工业制成品不再实行法检。实施集中申报、集中办理相关检验检疫手续的便利措施。

(四)支持电子商务出口企业正常收结汇。允许经营主体申请设立外汇账户,凭海关报关信息办理货物出口收结汇业务。加强对银行和经营主体通过跨境电子商务收结汇的监管。

(五)鼓励银行机构和支付机构为跨境电子商务提供支付服务。支付机构办理电子商务外汇资金或人民币资金跨境支付业务,应分别向国家外汇管理局和中国人民银行申请并按照支付机构有关管理政策执行。完善跨境电子支付、清算、结算服务体系,切实加强对银行机构和支付机构跨境支付业务的监管力度。

(六)实施适应电子商务出口的税收政策。对符合条件的电子商务出口货物实行增值税和消费税免税或退税政策,具体办法由财政部和税务总局商有关部门另行制订。

(七)建立电子商务出口信用体系。严肃查处商业欺诈,打击侵犯知识产权和销售假冒伪劣产品等行为,不断完善电子商务出口信用体系建设。

## 二、实施要求

（一）自本意见发布之日起，在已开展跨境贸易电子商务通关服务试点的上海、重庆、杭州、宁波、郑州等5个城市试行上述政策。自2013年10月1日起，上述政策在全国有条件的地区实施。

（二）有关地方人民政府应制订发展跨境电子商务扩大出口的实施方案，并切实履行指导、督查和监管责任，对实施过程中出现的问题做到早发现、早处理、早上报。要积极引导经营主体坚持以质取胜，注重培育品牌；依托电子口岸平台，建立涵盖经营主体和电子商务出口全流程的综合管理系统，实现商务、海关、国税、工商、检验检疫、外汇等部门信息共享；加强信用评价体系、商品质量监管体系、国际贸易风险预警防控体系和知识产权保护工作体系建设，确保电子商务出口健康可持续发展。

（三）商务部、发展改革委、海关总署会同相关部门对政策实施进行指导，定期开展实施效果评估等工作，确保政策平稳实施并不断完善。海关总署会同商务部、税务总局、质检总局、外汇局、发展改革委等部门加快跨境电子商务通关试点建设，加快电子口岸结汇、退税系统与大型电子商务平台的系统对接。

## 三、其他事项

（一）本意见所指跨境电子商务零售出口是指我国出口企业通过互联网向境外零售商品，主要以邮寄、快递等形式送达的经营行为，即跨境电子商务的企业对消费者出口。

（二）我国出口企业与外国批发商和零售商通过互联网线上进行产品展示和交易，线下按一般贸易等方式完成的货物出口，即跨境电子商务的企业对企业出口，本质上仍属传统贸易，仍按照现行有关贸易政策执行。跨境电子商务进口有关政策另行研究。

# 模块十　出口核销退税和进口付汇核销

## 一、实训目的和要求

通过场景实训，了解出口收汇核销的特点、原则，熟悉出口收汇核销的程序，掌握出口核销单据的填写和业务办理。能根据相关单据缮制出口收汇核销单；能够准备出口退税所需单据，熟悉出口退税的基本程序与操作。

## 二、场景设计

进口商小组中选派三名同学，一名同学扮演业务员，负责办理出口收汇核销及退税；一名同学扮演外汇管理局工作人员，负责办理出口收汇核销业务；另一名同学扮演国家税务局工作人员，负责出口退税业务。

出口商小组选派两名同学，一名同学扮演业务员，负责进口付汇核销；另一名同学扮演外汇管理局工作人员，负责进口付汇核销。

## 三、相关知识点

学生要完成这一环节的实训，需了解我国出口收汇核销的特点和原则，熟悉我国的"免、抵、退税"管理办法的内容，熟悉办理相关业务的单据、流程及系统。

出口收汇核销制度建立于 1991 年 1 月 1 日，是以出口货物的价值为标准，核对是否有相应的外汇收回国内的一种管理措施。

### (一)我国贸易收入外汇管理原则

境内企业的货物贸易外汇收入(出口收汇)必须调回境内，不得违反国家有关规定将外汇擅自存放在境外。

境内企业出口收汇，无论金额大小，结算方式如何，应当先进入银行直接以该企业名义开立的出口收汇待核查账户，经银行进行出口收结汇联网核查或外汇局核准后方可办理结汇或划转手续。

境内企业的出口收汇，应当按照国家关于出口收汇核销管理的规定办理核销手续。

#### 1.核销原则

符合收汇、核销时限：即期结汇 180 天内收汇，并于不迟于预计收汇日期起 30 天内，到外汇局进行出口收汇核销；远期收汇，在不迟于预计收汇日期起 30 天内，到外汇局进行出口收汇核销。

单证相符，材料齐备：核销单、报关单、核销专用联及其他要求的等单证相符、齐备。

足额收汇：单笔出口少收汇不超过等值 5000 美元，或多收不超过等值 5000 美元，并且收汇金额与应核销金额相差在正负 5% 以内的情况。（注意：实行批次核销的，可以按核销单每笔平均计算出口与收汇或进口差额。）

2. 出口收汇核销对企业的要求

及时、足额收汇，收支平衡。

即期收汇：自报关之日起 180 天内收汇，并于不迟于预计收汇日期起 30 天内，到外汇局进行出口收汇核销报告。

远期收汇：超过 180 天收汇的需远期收汇备案。

代理出口项下，必须代理方收汇（谁出口，谁收汇，谁核销原则）。

3. 外管局核销管理方式

外汇局根据出口单位的出口收汇核销情况，海关、税务和商务主管部门的考核情况，国际收支申报等情况，以及不同的贸易方式，对出口单位分别实行管理。采取逐笔核销、批次核销和自动核销的方式。

①逐笔核销，即由出口单位按核销单证一一对应进行报告，外汇局按照一一对应的原则逐笔为出口单位办理核销手续的核销方式。适用于：

出口收汇高风险企业的出口收汇数据；

差额核销的出口收汇数据；

无法全额收汇的出口收汇数据。

②批次核销，即由出口单位集中报告，外汇局按批次为出口单位办理核销手续的核销方式。适用于：

除出口收汇高风险企业外的所有出口单位的全额收汇核销；

来料加工项下和进料加工抵扣项下需按合同核销的出口收汇数据；

外汇局审核批次核销数据时，按照核销单与核销专用联总量对应的原则进行。

③自动核销，即出口单位不需向外汇局报告，外汇局根据从"中国电子口岸出口收汇系统"采集的核销单信息和报关信息，以及从"国际收支统计申报系统"采集的收汇信息，进行总量核销的核销方式。适用于：国际收支申报率高以及符合外汇局规定的其他条件的出口收汇荣誉企业的一般贸易项下及其他出口贸易项下全额收汇的出口收汇数据。

4. 逾期管理

货物出口后，出口单位超过预计收汇日期 30 天未办理核销手续的，视为出口收汇逾期未核销。

外汇局对出口收汇逾期未核销情况按月进行清理、定期催核，签发"催核通知书"，并向出口单位提供"逾期未核销清单"。

出口单位接到外汇局"催核通知书"后，应当对照"逾期未核销清单"进行认真清理、核对、确认数据，及时办理出口收汇核销手续。

出口单位存在如下情况，外汇局核销部门应当按规定移交检查部门予以查处：

①外汇局核销部门催核无结果或经催核但出口单位无正当理由说明原因；

②出口单位收汇 6 个月后未办理核销手续且无正当理由说明原因；

③出口单位未核销收汇总量达到等值 500 万美元且无正当理由说明原因。

5.远期收汇备案处理

对于预计收汇日期超过报关后180天以上(含180天)的远期收汇,出口单位应当在报关后60天内到外汇局办理远期收汇备案。

远期收汇备案需提交材料:

远期备案情况说明(说明远期合同号、出口核销单号、出口报关单号、报关单金额)、远期出口合同、核销单、报关单。

外汇局审核上述材料后为出口单位出具注明预计(远期)收汇日期的《远期收汇备案证明》。

凡未向外汇局备案的,一律视作即期出口收汇。

6.差额核销处理

差额核销:单笔出口少收汇超过等值5000美元,或多收超过等值5000美元。实行批次核销的,可以按核销单每笔平均计算出口与收汇或进口差额。

企业需提交:差额核销说明函;合同;核销单;报关单;收汇核销专用联;证明材料。

差额原因主要有:市场行情变动、质量原因、鲜活品非正常损耗、不可抗力因素、进口商倒闭、溢短装、汇率变动及其他。

差额核销证明材料详见表10-1:

表10-1　差额核销证明材料

| 原因 | 所需材料 |
| --- | --- |
| 国外商品市场行情变动 | 相关商会出具的证明或有关交易所行情报价资料 |
| 出口商品质量原因/动物及鲜活产品非正常死亡或损耗 | 进口商的有关函件和进口国商检机构的证明;由于客观原因无法提供进口国商检机构证明的,提供进口商的检验报告、相关证明材料和出口单位书面保证 |
| 自然灾害或战争等不可抗力因素/进口商破产、关闭、解散 | 提供报刊等新闻媒体的报道材料或我国驻进口国使领馆商务处出具的证明 |
| 进口国汇率变动 | 报刊等新闻媒体刊登或外汇局公布的汇率资料; |
| 溢短装原因 | 提单或其他正式货运单证等商业单证 |

"差额原因说明函"需经出口单位法人代表签字并加盖单位公章;外汇局留存全套单据。

差额备查:由于客观原因无法提供差额核销所需证明材料的,可作差额备查。

①出口单位法人代表提供书面担保,保证其不存在逃骗汇及其他违法行为,并承诺承担相关法律责任。

②对出口单位差额备查实行年度总量控制($A$=出口收汇核销总额,$B$=备查额)

$A \leq 1000$万美元,　　　　　　　$B \leq 5\%A$且$\leq 40$万美元;

$1$千万美元$\leq A \leq 5$千万美元,　　$B \leq 4\%A$且$\leq 100$万美元

5 千万美元≤A≤2 亿美元,　　　　B≤2%A 且≤200 万美元

A≤2 亿美元,　　　　　　　　B≤1%A 且≤300 万美元

7. 退赔外汇处理

对外理赔是指出口单位收到部分或全部货款后,因退货、产品质量、市场、终止合同等原因,依双方协议由出口单位退还或赔偿进口商货款或损失而需汇出的外汇。

出口项下发生退赔需向进口商支付外汇的,出口单位应当持规定的材料向外汇局申请,外汇局审核真实性后,冲减出口单位的出口收汇实绩并签发《已冲减出口收汇/核销证明》,银行凭《已冲减出口收汇/核销证明》为出口单位办理退赔外汇的售付汇手续。

对提供进口报关单的,外汇局按规定在"中国电子口岸 – 进口付汇系统"中对相应的进口报关单进行核注、结案。

8. 境外收汇过户处理

境外收汇过户是指因合同执行中进行更改合同执行人或经批准的总、子(分)公司关系或跨国公司的集中收付汇等情况造成出口人与收汇人不一致的情况。

办理原则:

①专营商品、更改合同条款或经批准的总、子(分)公司关系等发生收汇单位与核销单位不一致的,允许办理;

②过户的金额应等于实际出口收汇的金额;

③按分级授权管理原则进行审核;

④由收汇方外汇局审核相关材料后批准过户。

9. 代理出口核销处理

出口代理项下核销管理原则:由代理方办理核销单申领、出口报关、收汇核销和联网核查手续。

若代理方和委托方均有经常项目外汇账户,需将所收外汇原币划转委托方时,银行应当将所收外汇全部进入代理方出口收汇待核查账户进行联网核查后向代理方出具核销专用联,代理方再按有关规定办理外汇划转。

若委托方没有经常项目外汇账户,代理方收汇后将人民币划给委托方。

(二)办理出口核销退税需提供的单据

1. 出口退税需要提供的单据资料

①购进出口货物的增值税专用发票(抵扣联)或普通发票,退消费税还应提供《税收(出口产品专用)缴款书》。

②附送《税收(出口货物专用)缴款书》或《出口货物完税分割单》。

③《出口货物报关单(出口退税联)》。

④《出口已收汇核销单(出口退税)》专用联。

⑤《出口销售发票(外销商业发票)》。

⑥《出口货物销售明细账(备核)》。

⑦《出口收汇单(水单)》。

⑧《出口货物退(免)税申报表》明细及汇总。

⑨与出口退税有关的其他资料。

2. 出口收汇核销单的填写

出口收汇核销单是国家对出口货物收汇实施跟"单"核销逐笔管理的凭证，通过这一凭证国家可以全面掌握收汇实绩，催促逾期收汇，防止外汇漏收或骗取出口退税。出口收汇核销单由国家外汇管理局统一印制，每张分为左、中、右联，各联都编同一号码。具体内容如下：

（1）存根部分

①编号：由发放机关事先印就。

②出口单位名称：填签订并执行合同的出口企业名称，必须包括十位数代码。

③出口币种、总价：按发票金额填，应为收汇原币金额。

④收汇方式：按实际填信用证、托收、T/T 等方式中的一种，如远期收汇，还须列明相应的远期收汇天数。

⑤预计收款日期：根据交易中的具体情况填写。

⑥报关日期：填实际报关放行日期。

⑦备注：可写出合同号，出口发票号等须附加说明的内容，也可在本栏填写已发生变更的出口商品项下的原核销单的编号等情况。

（2）正文

①编号：已由外汇管理部门预先编印。

②出口单位：企业名称和单位代码，参照存根同名栏目的填写方法。

③银行单位：现在一般不填。

④海关签注栏：海关加盖报关验讫章。

⑤外管局备注栏：由外管局填。

（3）出口退税专用

①单位代码：企业名称和单位十位数代码。

②货物名称：按实际出口品名填写，与发票、报关单一致。

③数量：按外包装数或件数填写，与报关单、发票一致。

④币种总价：按发票、报关单上总金额和币制填写，与左边存根一致。

⑤报关单编号：按实际情况填写。

⑥外汇局签注栏：由外管局盖核销章并填日期。

退税单证是申报出口退税的法定凭证，退税单证的开具及配单是否正确、规范，直接关系到申报出口退税的真实性、有效性和准确性，也直接关系到退税机关退税审核审批的顺利进行，因此，企业在办理退税申报中要对照基本规定、核单要求认真、仔细、规范操作。必须做到：

第一，准确、完整、清晰；

第二，出口商品专用发票中的"出口数量""计量单位""销售金额"应与申报数据一致，发票内容不得涂改，并且加盖发票专用章。

● 有关单据填制的详细解释,学生可参考下列参考资源:

《国际贸易单证操作与解析》第 13 章"外汇核销和出口退税单证"(缪东玲编著,电子工业出版社,2011 年);

《国际商务单证实务》第七章"出口收汇核销单"和第八章"出口企业退税及有关单证"(余世明主编,暨南大学出版社,2014 年)。

网络资源:福步外贸论坛(FOB Business Forum)|中国第一外贸论坛

http://bbs.fobshanghai.com/,拓展阅读有关出口收汇核销等版块,了解实际外贸业务中具体操作及各种疑难点的处理办法。

3. 出口核销和退税的基本业务流程

(1)出口核销的程序(详见模块十出口结汇和进口付汇)

①出口单位首先办理"中国电子口岸"入网,入网到海关。

②初次申领出口收汇核销单前先到外汇局办理登记。

③领单。出口单位在开展出口业务前,凭单位介绍信、开户单位印鉴卡到外汇局领取核销单。出口单位向外汇局申领核销单时,应当当场在每张核销单的"出口单位"栏内填写单位名称或者加盖单位名称章。核销单正式使用前加盖单位公章。

④报关。出口单位持在有效期内、加盖出口单位公章的核销单和相关单据办理报关手续。

⑤送交存根。出口单位办理报关后,当自报关之日起 60 天内,凭核销单及海关出具的贴有防伪标签、加盖海关"验讫章"的出口报关单、外贸发票到外汇局办理送交存根手续。

⑥核销。出口单位当在收到外汇之日起 30 天内凭核销单、银行出具的"出口收汇核销专用联"到外汇局办理出口收汇核销。

(2)出口退税的基本程序

①工商登记后 30 日内申办出口企业退税登记;

②凭工商登记证、出口批准文件填写退税登记表;

③税务机关核发出口退税登记证;

④货物出口收汇后持三单两票到税务机关退税;

⑤及时申请变更或注销退税登记。

4. 中国电子口岸出口退税系统

(1)简介

出口退税系统是针对出口退税报关单(即出口报关单退税证明联)的联网核查系统。系统将海关总署从各口岸海关采集的出口退税报关单电子底账数据保存在电子口岸数据中心,在企业确认后,电子口岸数据中心再将该电子底账数据传送给国税总局,国税总局收到后通过网络下发给各地国税局供具体操作人员查询。系统在全国推广后,为国税局进行出口退税操作提供了可靠的电子依据,进一步提高了工作效率和执法的准确性,为纳税人办理出口退税提供良好的外部数据环境,同时有效地杜绝了利用国家出口退税政策实行骗税的不法行为。

(2)业务流程

中国电子口岸出口退税业务流程如图 10 - 1 所示。

①海关将出口报关单结关信息发送到电子口岸。

②企业登陆电子口岸查询结关信息。

③企业打印纸质出口退税报关单电子数据。

④海关向电子口岸报送出口退税报关单电子数据。

⑤企业在电子口岸确认报送。

⑥电子口岸将出口退税报关单电子数据报送给国税局。

⑦国税局操作人员进行退税操作。

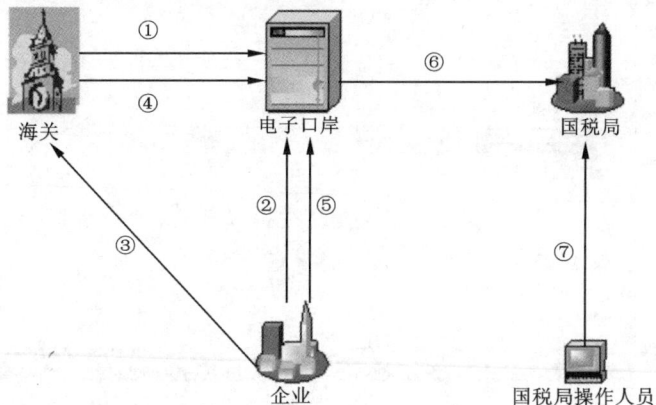

图 10 - 1

（3）网上操作简介

①结关信息查询（如图 10 - 2 所示）。本系统为企业提供已结关报关单信息查询功能，企业查询到报关单已结关后，可以向海关领取出口货物报关单退税证明联（黄联），用于进行出口退税操作。

图 10 - 2

②查询报送。企业用户可以通过查询报送操作，查询出口退税报关单电子数据并选择向国税局进行报送，如图10-3所示。

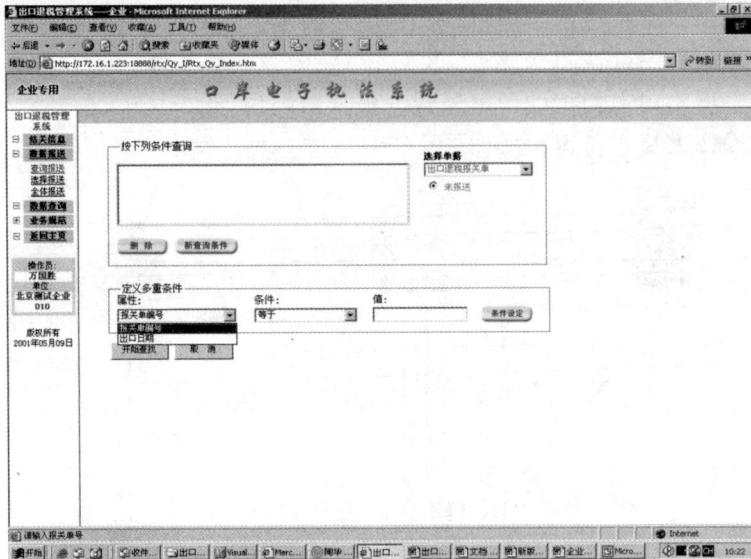

**图 10-3**

点击报关单号，查看详细信息（如图10-4）。

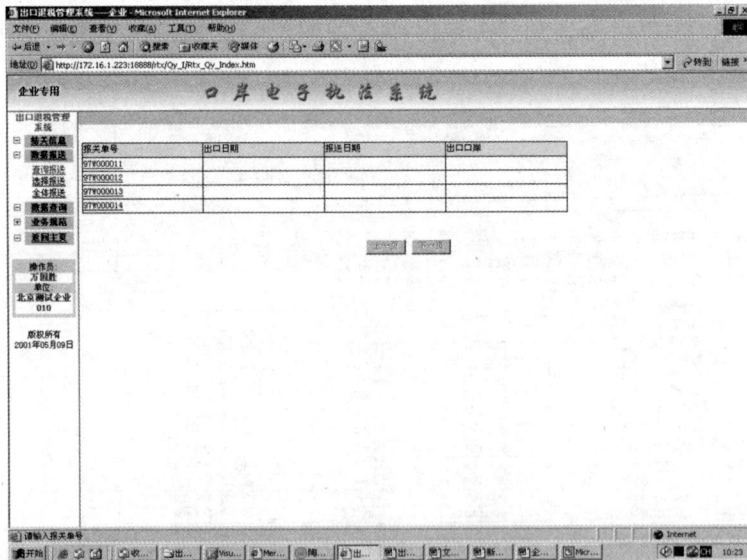

**图 10-4**

确认后点击"报送"按钮（图10-5）。

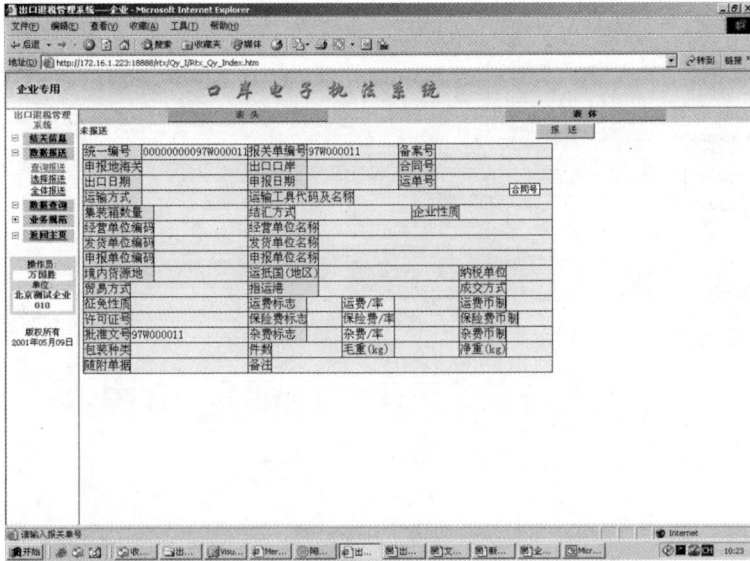

图 10 - 5

③选择报关。企业用户可以通过选择报送操作，在出口退税报关单列表中选择报关单进行报送。系统自动列出所有未报送的出口退税报关单（图 10 - 6）。

图 10 - 6

④全体报关。用户可以通过全部报送操作，将所有未报送国税局的报关单一次性全部报送（见图 10 - 7）。

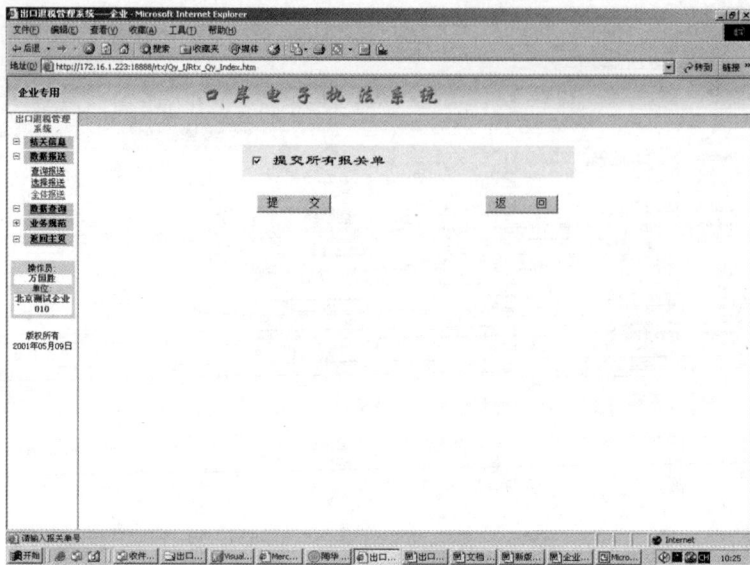

图 10 - 7

⑤数据查询。用户可通过数据查询功能根据报送情况查询出口退税报关单的详细信息(图 10 - 8)。

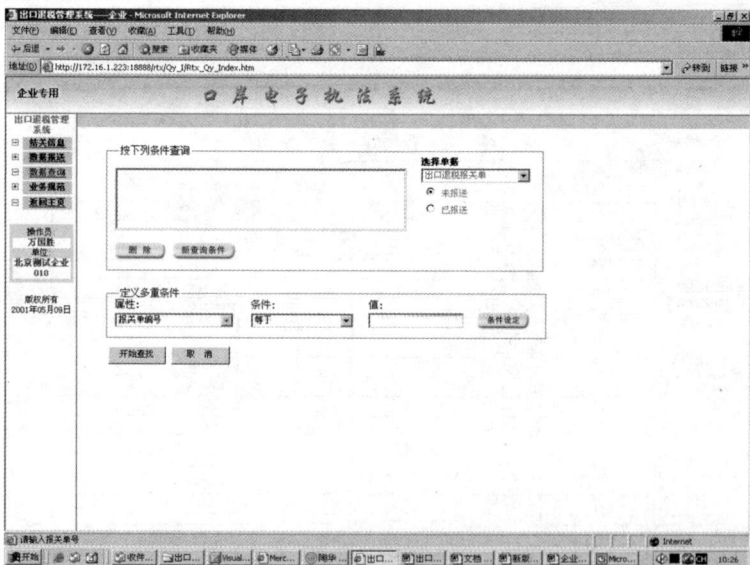

图 10 - 8

按条件查询得到查询结果,点击报关单号,查看详细信息(图 10 - 9)。

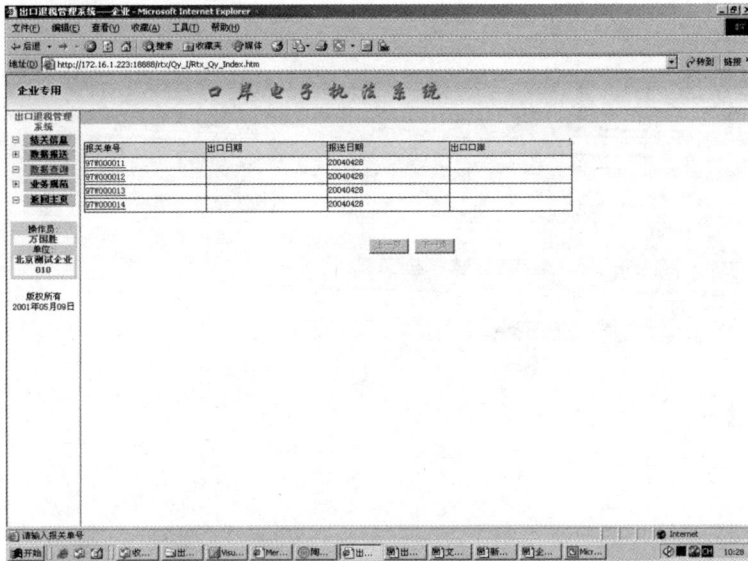

图 10 – 9

⑥核销单申请。输入想申领的核销单份数，点击"申请"（图 10 – 10）。

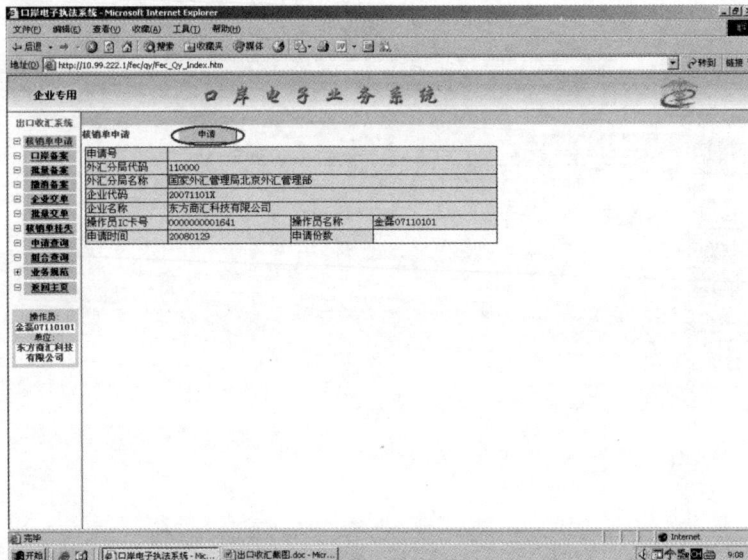

图 10 – 10

⑦口岸备案。输入要备案的关区代码(图 10 – 11),点"确认"进行备案并查看核销情况(图 10 – 12)。

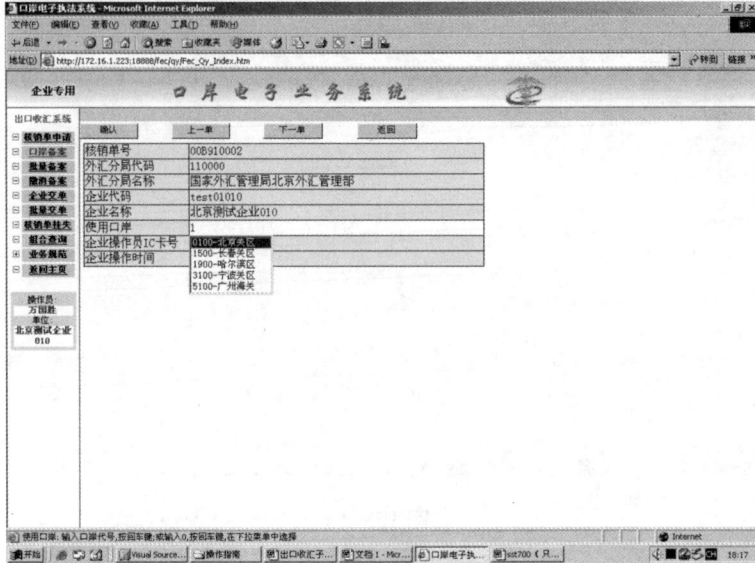

图 10 – 11

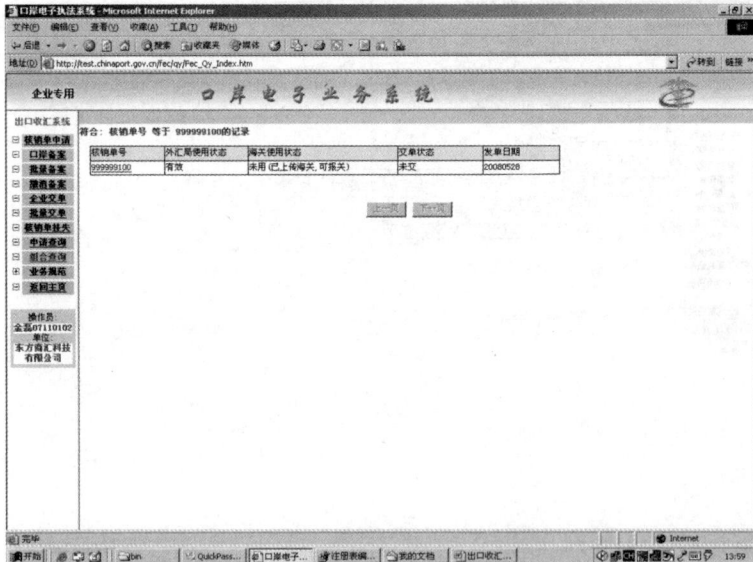

图 10 – 12

当有多份号码连续的核销单备案时，可以使用批量备案功能（图 10 – 13），"确认"后查看备案情况（图 10 – 14）。

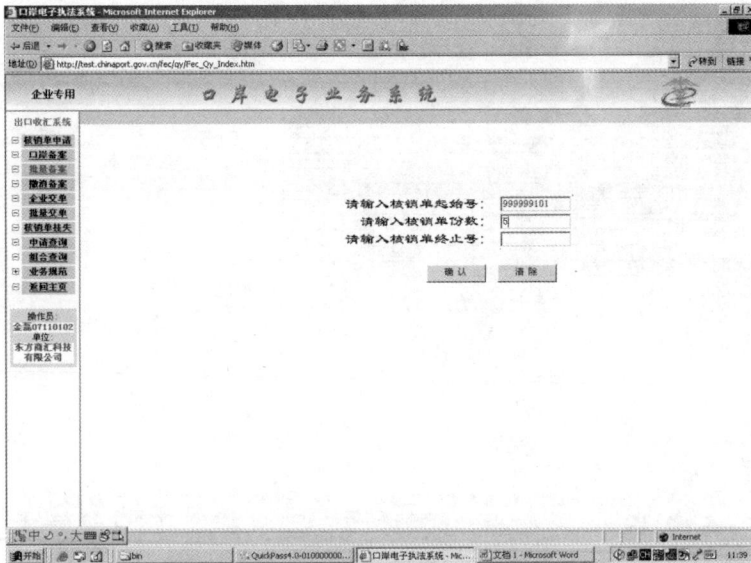

图 10 – 13

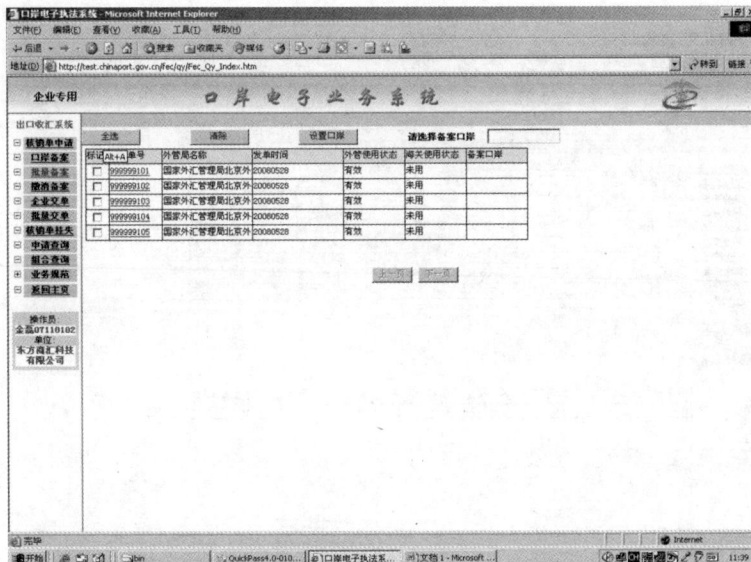

图 10 – 14

⑧撤销备案。从左边菜单中查找并点击"撤销备案"（图 10 – 15）。

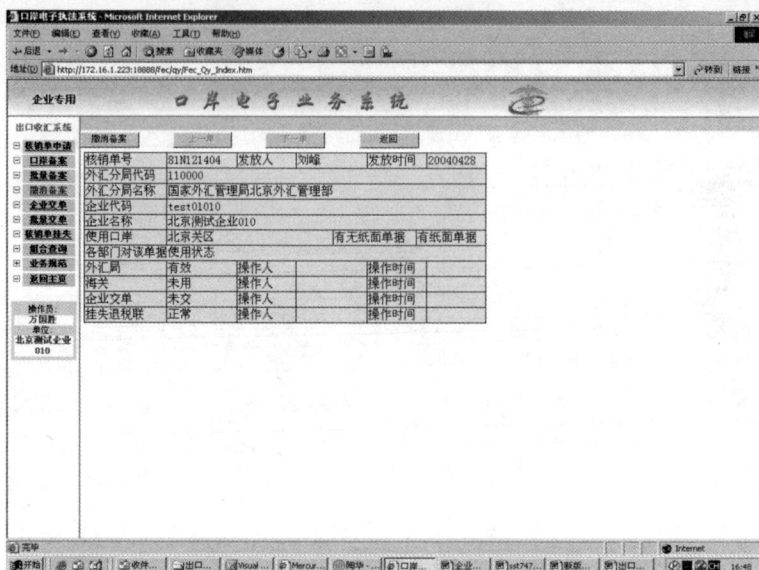

**图 10 – 15**

⑨企业交单。从左边菜单中查找并点击"企业交单"（图 10 – 16），进行交单操作。

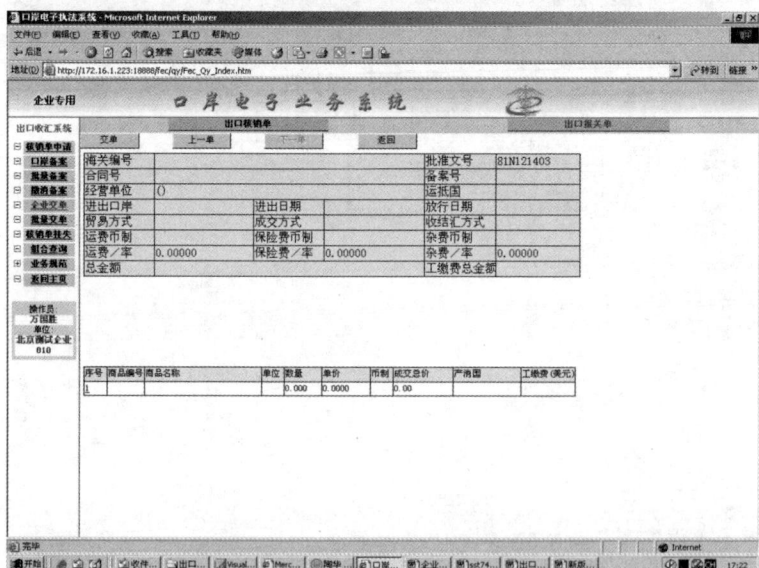

**图 10 – 16**

⑩核销单挂失。核销单挂失适用于未用的核销单。已用未核销的核销单丢失，需要向主管外管局申请做挂失退税联处理。

从左边菜单中查找并点击"核销单挂失"，根据提示进行相应操作（图 10 – 17，图 10 – 18）。

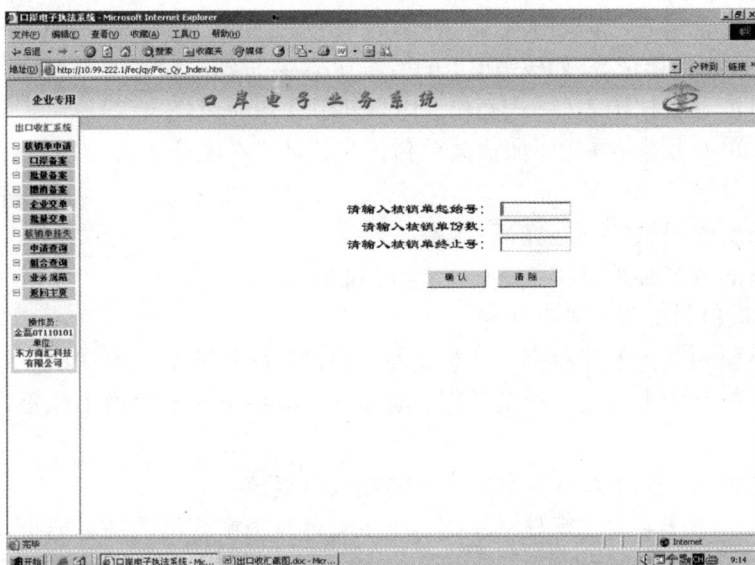

**图 10 – 17**

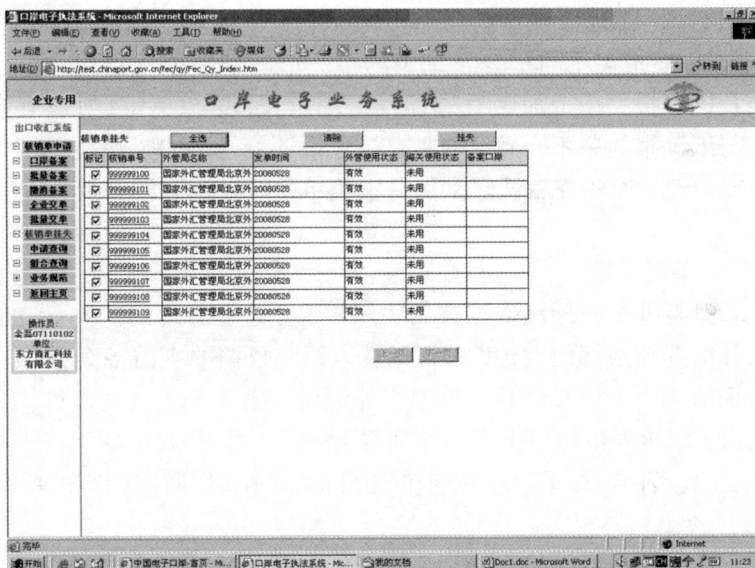

**图 10 – 18**

5. 进口付汇核销程序

（1）进口付汇到货的数据报审

根据《进口付汇核销监管暂行办法》规定，进口单位"应当在有关货物进口报关后一个月内向外汇局办理核销报审手续"。进口单位在办理到货报审手续时，须对应提供下列单据：

①进口付汇核销单（如核销单上的结算方式为"货到付款"，则报关单号栏不得为空）；

②进口付汇备案表（如核销单付汇原因为"正常付汇"，企业可不提供该单据）；

③进口货物报关单正本（如核销单上的结算方式为"货到付汇"，企业可不提供该单据）；

④进口付汇到货核销表（一式两份，均为打印件并加盖公司章）；

⑤结汇水单及收账通知单（如核销单付汇原因不为"境外工程使用物资"及"转口贸易"，企业可不提供该单据）；

⑥外汇局要求提供的其他凭证、文件。

上述单据的内容必须真实、完整、清晰、准确。

（2）办理进口付汇报审业务手续

①进口单位须备齐上述单据，一并交外汇局进口核销业务人员初审。

②初审人员对于未通过审核的单据，应在向企业报审人员明确不能报审的原因后退还进口单位。

③初审结束后，经办人员签字并转交复核人员复核。

④复核人员对于未通过审核的单据，应在向企业报审人员明确不能报审的原因后退还进口单位。

⑤复核无误，则复核员签字并将企业报审的全部单据及 IC 卡留存并留下企业名称、联系电话、联系人。

⑥外汇局工作人员将进口货物报关单及企业 IC 卡通过"进出口报关单联网核查系统"检验真伪，如纸质报关单与核查系统中的报关单电子底账无误时，外汇局工作人员在到货核销表及进口报关单上加盖"已报审章"，IC 卡退进口单位；如核查系统中无此笔报关单底账或与纸制报关单不一致，则要求企业说明情况，如是海关原因，需由企业到海关申请补录或修改，如核查后认定是伪造报关单，则将有关材料及情况转检查部门调查、处罚。

（3）进口付汇备案手续

进口付汇备案是外汇管理局依据有关法规要求企业在办理规定监督范围内付汇或开立信用证前向外汇局核销部门登记，外汇局凭以跟踪核销的事前备案业务。

①企业应提前三个工作日将有关单据交外汇局核销业务人员初审；

②初审无误，审核人员将单据报送主管领导审批；业务人员应于企业备案当日（或次日，"受外汇局真实性审核进口单位名单"内企业除外）将通过初审的单据报送主管领导审批；

③主管领导在次日（或第三日，列入"受外汇局真实性审核进口单位名单"内的企业除外）将审批结果退审核人员；对于审批未通过的备案，审核人员须及时向企业讲明原因。

④审批通过后，由审核人员通知企业（或由企业主动查询）备案结果，并将加盖"进口付汇核销专用章"的备案表及所附单证退还企业；同时，将备案表第四联及有关单证复印件一并留存、输机。

## 四、实训任务

(1)进口商小组填写进口付汇核销单,办理进口付汇核销业务;

(2)出口商小组填写出口收汇核销单,完成出口核销和退税的业务办理。

## 五、实训步骤

(1)进口商填制进口付汇核销单,准备相关资料,办理进口付汇核销手续;

(2)出口商小组填制出口收汇核销单,办理出口收汇核销手续;

(3)出口商小组准备相关资料,办理出口退税手续。

## 六、考核与评价

| 序号 | 考核内容 | 评价标准 | | | | |
|------|----------|----------|------|------|------|--------|
| | | 优 | 良 | 中 | 合格 | 不合格 |
| 1 | 业务流程 | 业务流程是否熟练,业务办理所需资料是否齐全。 | | | | |
| 2 | 单据制作 | 单据制作的完整性、准确性和规范性,对单据和合同之间的关系是否理解准确。 | | | | |
| 3 | 团队分工与合作 | 团队分工合作是否明确,团队配合是否高效。 | | | | |

## 七、拓展知识

### 附1:

## 《财政部国家税务总局关于进一步推进出口货物实行免抵退税办法的通知》

2002 年 1 月 23 日　　财税〔2002〕7 号

各省、自治区、直辖市、计划单列市财政厅(局)、国家税务局,新疆生产建设兵团财务局:

经国务院决定,进一步推进出口货物实行免、抵、退税管理办法。现将有关规定通知如下:

一、生产企业自营或委托外贸企业代理出口(以下简称生产企业出口)自产货物,除另有规定外,增值税一律实行免、抵、退税管理办法。对生产企业出口非自产货物的管理办法另行规定。

本通知所述生产企业,是指独立核算,经主管国税机关认定为增值税一般纳税人,并且具有实际生产能力的企业和企业集团。

增值税小规模纳税人出口自产货物继续实行免征增值税办法。

生产企业出口自产的属于应征消费税的产品,实行免征消费税办法。

二、实行免、抵、退税办法的"免"税是指对生产企业出口的自产货物,免征本企业生产销售环节增值税;"抵"税,是指生产企业出口自产货物所耗用的原材料、零部件、燃料、动力等所含应予退还的进项税额,抵顶内销货物的应纳税额;"退"税,是指生产企业出口的自产货物在当月内应抵顶的进项税额大于应纳税额时,对未抵顶完的部分予以退税。

三、有关计算方法

(一)当期应纳税额的计算:

当期应纳税额=当期内销货物的销项税额-(当期进项税额-当期免抵退税不得免征和抵扣税额)

(二)免抵退税额的计算:

免抵退税额=出口货物离岸价×外汇人民币牌价×出口货物退税率-免抵退税额抵减额

其中:

1.出口货物离岸价(FOB)以出口发票计算的离岸价为准。出口发票不能如实反映实际离岸价的,企业必须按照实际离岸价向主管国税机关进行申报,同时主管税务机关有权依照《中华人民共和国税收征收管理法》《中华人民共和国增值税暂行条例》等有关规定予以核定。

2.免抵退税额抵减额=免税购进原材料价格×出口货物退税率

免税购进原材料包括从国内购进免税原材料和进料加工免税进口料件,其中进料加工免税进口料件的价格为组成计税价格。

进料加工免税进口料件的组成计税价格=货物到岸价+海关实征关税和消费税

(三)当期应退税额和免抵税额的计算:

1.如当期期末留抵税额≤当期免抵退税额,则

当期应退税额=当期期末留抵税额

当期免抵税额=当期免抵退税额-当期应退税额

2.如当期期末留抵税额>当期免抵退税额,则

当期应退税额=当期免抵退税额

当期免抵税额=0

当期期末留抵税额根据当期《增值税纳税申报表》中"期末留抵税额"确定。

(四)免抵退税不得免征和抵扣税额的计算:

免抵退税不得免征和抵扣税额=出口货物离岸价×外汇人民币牌价×(出口货物征税率-出口货物退税率)-免抵退税不得免征和抵扣税额抵减额

免抵退税不得免征和抵扣税额抵减额=免税购进原材料价格×(出口货物征税率-出口货物退税率)

四、办理免、抵、退税的基本程序和所需凭证

(一)基本程序。生产企业将货物报关离境并按规定做出口销售后,在增值税法定纳税申报期内向主管国税机关办理增值税纳税和免、抵税申报,在办理完增值税纳税申报

后，应于每月 15 日前(逢节假日顺延)，再向主管国税机关申报办理"免、抵、退"税。税务机关应对生产企业申报的免抵退税资料进行审核、审批、清算、检查。

(二)所需凭证。生产企业申报办理免、抵、退税时，须提供下列凭证：

1. 出口货物报关单(出口退税专用)；

2. 出口发票；

3. 出口收汇核销单(出口退税专用)、中远期结汇证明；

4. 代理出口证明；

5. 增值税专用发票；

6. 国税机关要求提供的其他凭证。

五、生产企业自货物报关出口之日起超过 6 个月未收齐有关出口退(免)税凭证或未向主管国税机关办理"免、抵、退"税申报手续的，主管国税机关视同内销货物计算征税；对已征税的货物，生产企业收齐有关出口退(免)税凭证后，应在规定的出口退税清算期内向主管国税机关申报，经主管国税机关审核无误的，办理免抵退税手续。逾期未申报或已申报但审核未通过的，主管国税机关不再办理退税。

六、各级国税机关可根据本地区生产型出口企业户数及出口量多少等实际情况，设立专门的"免、抵、退"税管理部门或管理岗位，进一步强化征退税机构相互配合，征退税信息的衔接，要充分利用现代化信息技术和现代化的技术支持系统，加强出口货物退(免)税的管理。

七、国税机关要按照《财政部、国家税务总局、中国人民银行关于实行免抵退税办法有关预算管理问题的通知》(财预字〔1998〕242 号)有关规定执行并按月办理免、抵税款调库手续，同时要在年度出口退税计划内优先保障免、抵税额调库。

八、各级国税机关要按照《国家税务总局关于出口货物退(免)税实行按企业分类管理的通知》(国税发〔1998〕95 号)、《国家税务总局关于出口货物退(免)税实行按企业分类管理的补充通知》(国税发〔2001〕83 号)等有关规定对出口货物的生产企业实行分类管理。对 A、B 类企业要简化管理手续；对 C 类企业按规定的程序严格审核管理；对 D 类企业要严格审查，确保出口业务、进项税额真实无误方可办理免、抵、退税。对小型出口企业和新发生出口业务的企业发生的应退税额，退税审核期为 12 个月。对新发生出口业务的企业，12 个月以后退税纳入正常分类管理。新发生出口业务的企业是指自发生首笔出口业务之日起未满 12 个月的企业。

九、生产企业承接国外修理修配业务以及利用国际金融组织或外国政府贷款采用国际招标方式国内企业中标或外国企业中标后分包给国内企业的机电产品，比照本通知有关规定实行免、抵、退税管理办法。

十、财政部驻各地财政监察专员办事处要加强对"免、抵"税额调库的日常监督，在年度清算结束后，根据国税机关抄送的"免、抵"税额审核文件，对上年"免、抵"税额调库情况进行专项重点抽查，并将检查结果上报财政部，抄送国家税务总局和中央总金库。对违反规定的调库行为，将追究当事人和有关领导的责任。

十一、企业采取非法手段骗取免、抵、退税或其他违法行为的，除按规定计算补税外，还应按《中华人民共和国税收征收管理法》及其他有关法律法规的规定予以处罚。

十二、本通知由财政部、国家税务总局负责解释。

十三、免、抵、退税业务具体操作程序按《生产企业免、抵、退税操作规程》有关规定执行，《生产企业免、抵、退税操作规程》由国家税务总局制定、调整。

十四、本通知从 2002 年 1 月 1 日起执行(以生产企业将货物报关出口并按现行会计制度有关规定在财务上作销售的时间为准)。此前的规定与本通知有抵触的，以本通知为准。

**附2：**

# 国家税务总局关于印发《生产企业出口货物"免、抵、退"税管理操作规程》(试行)的通知

各省、自治区、直辖市和计划单列市国家税务局：

为保证生产企业"免、抵、退"税管理办法的正确执行，国家税务总局根据《财政部、国家税务总局关于进一步推进出口货物实行免抵退税办法的通知》(财税〔2002〕7号)的规定，在广泛征求各地意见的基础上，制定了《生产企业出口货物"免、抵、退"税管理操作规程》(试行)，现印发给你们，请遵照执行。各地在实际执行中如遇到问题，请及时将情况反馈总局(进出口税收管理司)。

国家税务总局

二〇〇二年二月六日

## 生产企业出口货物"免、抵、退"税管理操作规程（试行）

为切实加强生产企业出口货物"免、抵、退"税管理，进一步明确税务机关内部工作职责及税企双方责任，准确、及时办理"免、抵、退"税，防范和打击骗取出口退税，根据《财政部、国家税务总局关于进一步推进出口货物实行"免、抵、退"税办法的通知》(财税〔2002〕7号)规定，制定本操作规程。

### 一、生产企业出口退税登记

(一)有进出口经营权的生产企业应按照《国家税务总局关于印发〈出口货物退(免)税管理办法〉的通知》(国税发〔1994〕031号)的规定，自取得进出口经营权之日起三十日内向主管税务机关申请办理出口退税登记。

没有进出口经营权的生产企业应在发生第一笔委托出口业务之前，持代理出口协议向主管税务机关申请办理临时出口退税登记。

生产企业在办理出口退税登记时，应填报《出口企业退税登记表》(表样见出口退税计算机管理系统二期网络版)并提供以下资料：

1. 法人营业执照或工商营业执照(副本)；

2. 税务登记证(副本)；

3. 中华人民共和国进出口企业资格证书(无进出口经营权的生产企业无需提供)；

4. 海关自理报关单位注册登记证明书(无进出口经营权的生产企业无需提供)；

5. 增值税一般纳税人申请认定审批表或年审审批表；

6.税务机关要求的其他资料,如代理出口协议等。

(二)2002 年换发税务登记前,出口退税企业登记办法暂时按以上规定办理。2002 年换发税务登记时,出口企业除提供换发税务登记的有关资料外,还应按照税务机关的要求提供以上资料。2002 年换发税务登记后,有关生产企业出口退税登记一并纳入税务登记统一管理。

### 二、生产企业"免、抵、退"税计算

(一)生产企业出口货物"免、抵、退税额"应根据出口货物离岸价、出口货物退税率计算。出口货物离岸价(fob)以出口发票上的离岸价为准(委托代理出口的,出口发票可以是委托方开具的或受托方开具的),若以其他价格条件成交的,应扣除按会计制度规定允许冲减出口销售收入的运费、保险费、佣金等。若申报数与实际支付数有差额的,在下次申报退税时调整(或年终清算时一并调整)。若出口发票不能如实反映离岸价,企业应按实际离岸价申报"免、抵、退"税,税务机关有权按照《中华人民共和国税收征收管理法》《中华人民共和国增值税暂行条例》等有关规定予以核定。

(二)免抵退税额的计算

免抵退税额 = 出口货物离岸价 × 外汇人民币牌价 × 出口货物退税率 − 免抵退税额抵减额

免抵退税额抵减额 = 免税购进原材料价格 × 出口货物退税率

免税购进原材料包括国内购进免税原材料和进料加工免税进口料件,其中进料加工免税进口料件的价格为组成计税价格。

进料加工免税进口料件的组成计税价格 = 货物到岸价格 + 海关实征关税 + 海关实征消费税

(三)当期应退税额和当期免抵税额的计算

1.当期期末留抵税额 ≤ 当期免抵退税额时

当期应退税额 = 当期期末留抵税额

当期免抵税额 = 当期免抵退税额 − 当期应退税额

2.当期期末留抵税额 > 当期免抵退税额时

当期应退税额 = 当期免抵退税额

当期免抵税额 = 0

"当期期末留抵税额"为当期《增值税纳税申报表》的"期末留抵税额"。

(四)免抵退税不得免征和抵扣税额的计算

免抵退税不得免征和抵扣税额 = 当期出口货物离岸价 × 外汇人民币牌价 ×(出口货物征税税率 − 出口货物退税率)− 免抵退税不得免征和抵扣税额抵减额

免抵退税不得免征和抵扣税额抵减额 = 免税购进原材料价格 ×(出口货物征税税率 − 出口货物退税率)。

(五)新发生出口业务的生产企业自发生首笔出口业务之日起 12 个月内的出口业务,不计算当期应退税额,当期免抵税额等于当期免抵退税额;未抵顶完的进项税额,结转下期继续抵扣,从第 13 个月开始按免抵退税计算公式计算当期应退税额。

### 三、生产企业"免、抵、退"税申报

（一）申报程序

生产企业在货物出口并按会计制度的规定在财务上作销售后，先向主管征税机关的征税部门或岗位（以下简称征税部门）办理增值税纳税和免、抵税申报，并向主管征税机关的退税部门或岗位（以下简称退税部门）办理退税申报。退税申报期为每月 1 ～ 15 日（逢节假日顺延）。

（二）申报资料

1. 生产企业向征税机关的征税部门或岗位办理增值税纳税及免、抵税申报时，应提供下列资料：

（1）《增值税纳税申报表》及其规定的附表；

（2）退税部门确认的上期《生产企业出口货物免、抵、退税申报汇总表》（见附件一）；

（3）税务机关要求的其他资料。

2. 生产企业向征税机关的退税部门或岗位办理"免、抵、退"税申报时，应提供下列凭证资料：

（1）《生产企业出口货物免、抵、退税申报汇总表》；

（2）《生产企业出口货物免、抵、退税申报明细表》（见附件二）；

（3）经征税部门审核签章的当期《增值税纳税申报表》；

（4）有进料加工业务的还应填报；

①《生产企业进料加工登记申报表》（见附件三）；

②《生产企业进料加工进口料件申报明细表》（见附件四）；

③《生产企业进料加工海关登记手册核销申报表》（见附件五）；

④《生产企业进料加工贸易免税证明》（见附件六）；

（5）装订成册的报表及原始凭证：

①《生产企业出口货物免、抵、退税申报明细表》；

②与进料加工业务有关的报表；

③加盖海关验讫章的出口货物报关单（出口退税专用）；

④经外汇管理部门签章的出口收汇核销单（出口退税专用）或有关部门出具的中远期收汇证明；

⑤代理出口货物证明；

⑥企业签章的出口发票；

⑦主管退税部门要求提供的其他资料。

3. 国内生产企业中标销售的机电产品，申报"免、抵、退"税时，除提供上述申报表外，应提供下列凭证资料：

（1）招标单位所在地主管税务机关签发的《中标证明通知书》；

（2）由中国招标公司或其他国内招标组织签发的中标证明（正本）；

（3）中标人与中国招标公司或其他招标组织签订的供货合同（协议）；

（4）中标人按照标书规定及供货合同向用户发货的发货单；

（5）销售中标机电产品的普通发票或外销发票；

（6）中标机电产品用户收货清单。

国外企业中标再分包给国内生产企业供应的机电产品，还应提供与中标人签署的分包合同（协议）。

（三）申报要求

1.《增值税纳税申报表》有关项目的申报要求

（1）"出口货物免税销售额"填写享受免税政策出口货物销售额，其中实行"免抵退税办法"的出口货物销售额为当期出口并在财务上做销售的全部（包括单证不齐全部分）免抵退出口货物人民币销售额；

（2）"免抵退货物不得抵扣税额"按当期全部（包括单证不齐全部分）免抵退出口货物人民币销售额与征退税率之差的乘积计算填报，有进料加工业务的应扣除"免抵退税不得免征和抵扣税额抵减额"；当"免抵退税不得免征和抵扣税额抵减额"大于"出口货物销售额乘征退税率之差"时，"免抵退货物不得抵扣税额"按 0 填报，其差额结转下期；

按"实耗法"计算的"免抵退税不得免征和抵扣税额抵减额"，为当期全部（包括单证不齐全部分）进料加工贸易方式出口货物所耗用的进口料件组成计税价格与征退税率之差的乘积；按"购进法"计算的"免抵退税不得免征和抵扣税额抵减额"，为当期全部购进的进口料件组成计税价格与征退税率之差的乘积；

（3）"免抵退税货物已退税额"按照退税部门审核确认的上期《生产企业出口货物免、抵、退税申报汇总表》中的"当期应退税额"填报；

（4）若退税部门审核《生产企业出口货物免、抵、退税申报汇总表》的"累计申报数"与《增值税纳税申报表》对应项目的累计数不一致，企业应在下期增值税纳税申报时根据《生产企业出口货物免、抵、退税申报汇总表》中"与增值税纳税申报表差额"栏内的数据对《增值税纳税申报表》有关数据进行调整。

2.《生产企业出口货物免、抵、退税申报明细表》的申报要求

（1）企业按当期在财务上做销售的全部出口明细填报《生产企业出口货物免、抵、退税申报明细表》，对单证不齐无法填报的项目暂不填写，并在"单证不齐标志栏"内按填表说明做相应标志；

（2）对前期出口货物单证不齐，当期收集齐全的，应在当期免抵退税申报时一并申报参与免抵退税的计算，可单独填报《生产企业出口货物免、抵、退税申报明细表》，在"单证不齐标志栏"内填写原申报时的所属期和申报序号。

3.《生产企业出口货物免、抵、退税申报汇总表》的申报要求

（1）"出口销售额乘征退税率之差"按企业当期全部（包括单证不齐全部分）免抵退出口货物人民币销售额与征退税率之差的乘积计算填报；

（2）"免抵退税不得免征和抵扣税额抵减额"按退税部门当期开具的《生产企业进料加工贸易免税证明》中的"免抵退税不得免征和抵扣税额抵减额"填报；

（3）"出口销售额乘退税率"按企业当期出口单证齐全部分及前期出口当期收齐单证部分且经过退税部门审核确认的免抵退出口货物人民币销售额与退税率的乘积计算

填报；

（4）"免抵退税额抵减额"按退税部门当期开具的《生产企业进料加工贸易免税证明》中的"免抵退税额抵减额"填报；

（5）"与增值税纳税申报表差额"为退税部门审核确认的"累计"申报数减《增值税纳税申报表》对应项目的累计数的差额，企业应做相应账务调整并在下期增值税纳税申报时对《增值税纳税申报表》进行调整；

当本表11c不为0时，"当期应退税额"的计算公式需进行调整，即按照"当期免抵退税额（16栏）"与"增值税纳税申报表期末留抵税额（18栏）－与增值税纳税申报表差额（11c）"后的余额进行比较计算填报；

（6）新发生出口业务的生产企业，12个月内"应退税额"按0填报，"当期免抵税额"与"当期免抵退税额"相等；

4. 申报数据的调整

对前期申报错误的，当期可进行调整。前期少报出口额或低报征、退税率的，可在当期补报；前期多报出口额或高报征、退税率的，当期可以红字（或负数）差额数据冲减；也可用红字（或负数）将前期错误数据全额冲减，再重新全额申报蓝字数据。对于按会计制度规定允许扣除的运费、保险费和佣金，与原预估入账值有差额的，也按此规则进行调整。本年度出口货物发生退运的，可在下期用红字（或负数）冲减出口销售收入进行调整。

### 四、生产企业"免、抵、退"单证办理

生产企业开展进料加工业务以及"免、抵、退"税凭证丢失需要办理有关证明的，在"免、抵、退"税申报期内申报办理。生产企业出口货物发生退运的，可以随时申请办理有关证明。

（一）《生产企业进料加工贸易免税证明》的办理。

1. 进料加工业务的登记。开展进料加工业务的企业，在第一次进料之前，应持进料加工贸易合同、海关核发的《进料加工登记手册》并填报《生产企业进料加工登记申报表》，向退税部门办理登记备案手续。

2.《生产企业进料加工贸易免税证明》的出具。开展进料加工业务的生产企业在向退税部门申报办理"免、抵、退"税时，应填报《生产企业进料加工进口料件申报明细表》，退税部门按规定审核后出具《生产企业进料加工贸易免税证明》。

采用"实耗法"的，《生产企业进料加工贸易免税证明》按当期全部（包括单证不齐全部分）进料加工贸易方式出口货物所耗用的进口料件组成计税价格计算出具；采用"购进法"的《生产企业进料加工贸易免税证明》按当期全部购进的进口料件组成计税价格计算出具。

3. 进料加工业务的核销。生产企业《进料加工登记手册》最后一笔出口业务在海关核销之后、《进料加工登记手册》被海关收缴之前，持手册原件及《生产企业进料加工海关登记手册核销申请表》到退税部门办理进料加工业务核销手续。退税部门根据进口料件和出口货物的实际发生情况出具《进料加工登记手册》核销后的《生产企业进料加工贸

易免税证明》，与当期出具的《生产企业进料加工贸易免税证明》一并参与计算。

（二）其他"免、抵、退"税单证办理。

1.《补办出口货物报关单证明》。生产企业遗失出口货物报关单（出口退税专用）需向海关申请补办的，可在出口之日起六个月内凭主管退税部门出具的《补办出口报关单证明》，向海关申请补办。

生产企业在向主管退税部门申请出具《补办出口货物报关单证明》时，应提交下列凭证资料：

（1）《关于申请出具（补办出口货物报关单证明）的报告》；

（2）出口货物报关单（其他未丢失的联次）；

（3）出口收汇核销单（出口退税专用）；

（4）出口发票；

（5）主管退税部门要求提供的其他资料。

2.《补办出口收汇核销单证明》。生产企业遗失出口收汇核销单（出口退税专用）需向主管外汇管理局申请补办的，可凭主管退税部门出具的《补办出口收汇核销单证明》，向外汇管理局提出补办申请。

生产企业向退税部门申请出具《补办出口收汇核销单证明》时，应提交下列资料：

（1）《关于申请出具（补办出口收汇核销单证明）的报告》；

（2）出口货物报关单（出口退税专用）；

（3）出口发票；

（4）主管退税部门要求提供的其他资料。

3.《代理出口未退税证明》。委托方（生产企业）遗失受托方（外贸企业）主管退税部门出具的《代理出口货物证明》需申请补办的，应由委托方先向其主管退税部门申请出具《代理出口未退税证明》。

委托方（生产企业）在向其主管退税部门申请办理《代理出口未退税证明》时，应提交下列凭证资料：

（1）《关于申请出具（代理出口未退税证明）的报告》；

（2）受托方主管退税部门已加盖"已办代理出口货物证明"戳记的出口货物报关单（出口退税专用）；

（3）出口收汇核销单（出口退税专用）；

（4）代理出口协议（合同）副本及复印件；

（5）主管退税部门要求提供的其他资料。

4.《出口货物退运已办结税务证明》。生产企业在出口货物报关离境、因故发生退运、且海关已签发出口货物报关单（出口退税专用）的，须凭其主管退税部门出具的《出口货物退运已办结税务证明》，向海关申请办理退运手续。

本年度出口货物发生退运的，可在下期用红字（或负数）冲减出口销售收入进行调整（或年终清算时调整）；以前年度出口货物发生退运的，应补缴原免抵退税款，应补税额＝退运货物出口离岸价×外汇人民币牌价×出口货物退税率，补税预算科目为"出口货物退增值税"。若退运货物由于单证不齐等原因已视同内销货物征税的，则不须补缴税款。

生产企业向主管退税部门申请办理《出口货物退运已办结税务证明》时，应提交下列资料：

(1)《关于申请出具(出口货物退运已办结税务证明)的报告》；

(2)出口货物报关单(出口退税专用)；

(3)出口收汇核销单(出口退税专用)；

(4)出口发票；

(5)主管退税部门要求提供的其他资料。

### 五、生产企业"免、抵、退"税审核、审批

(一)审核审批程序

退税部门每月15日前受理生产企业上月的"免、抵、退"税申报后，应于月底前审核完毕并报送地、市级退税机关或省级退税机关(以下简称退税机关)审批。

退税机关按规定审批后，应及时将审批结果反馈退税部门。对需要办理退税的，由退税机关在国家下达的出口退税指标内开具《收入退还书》并办理退库手续；对需要免抵调库的，由退税机关在国家下达的出口退税指标内出具《生产企业出口货物免、抵、退税审批通知单》(见附件七)给征税机关，同时抄送财政部驻各地财政监察员办事处。退税机关应于每月10日前将上月"免、抵、退"税情况在与计会部门及国库对账的基础上汇总统计上报国家税务总局。

征税机关应在接到《生产企业出口货物免、抵、退税审批通知单》的当月，以正式文件通知同级国库办理调库手续。

(二)审核审批职责

1.主管征税机关的征税部门或岗位审核职责

(1)审核《增值税纳税申报表》中与"免、抵、退"税有关项目的填报是否正确；

(2)根据退税部门提供的企业自报关出口之日起超过6个月未收齐有关出口退税凭证或未向退税部门办理"免、抵、退"税申报手续的出口货物的信息，按规定计算征税(另有规定者除外)；

(3)根据退税部门年终反馈的《免抵退税清算通知书》，对出口企业纳税申报应调整的相关内容进行审核检查；

(4)根据退税机关开具的《生产企业出口货物免、抵、退税审批通知单》，以正式文件通知同级国库办理免抵税额调库手续。

2.主管征税机关的退税部门或岗位主要审核职责

(1)负责受理生产企业的"免、抵、退"申报并审核出口货物"免、抵、退"税凭证的内容、印章是否齐全、真实、合法、有效；

(2)审核生产企业出口货物申报"免、抵、退"税的报表种类、内容及印章是否齐全、准确；

(3)审核企业申报的电子数据是否与有关部门传递的电子信息(海关报关单电子信息、外管局外汇核销单信息、中远期收汇证明信息、代理出口货物证明信息等)是否

相符;

(4)负责出口货物"免、抵、退"税审核疑点的核实与调整;

(5)负责"免、抵、退"税有关单证的办理;

(6)根据企业申报"免、抵、退"税情况及出口电子信息,将超出六个月未收齐单证部分和未办理"免、抵、退"税申报手续的免抵退出口货物情况反馈给征税部门;

(7)负责出口货物"免、抵、退"税资料的管理和归档,"免、抵、退"税资料原则上最少保存十年;

(8)负责生产企业出口货物"免、抵、退"税的年终清算,将《免抵退税清算通知书》及时上报退税机关并反馈给征税部门。

3.退税机关的主要审核审批职责

(1)负责"免、抵、退"税内外部电子信息的接收、清分和生产企业"免、抵、退"税计算机管理系统的维护;

(2)负责对基层退税部门审核的"免、抵、退"税情况进行抽查;

(3)负责《生产企业出口货物免、抵、退税审批通知单》的出具,负责办理生产企业"免、抵、退"税业务应退税额的退库;

(4)负责生产企业"免、抵、退"税情况的统计、分析,并于每月10日前上报《生产企业出口货物免、抵、退税统计月报表》(见附件八);

(5)负责生产企业出口货物"免、抵、退"税清算的组织、检查、统计、分析、并按时汇总向总局上报年终清算报告及附表。

## 六、其他问题

(一)关于"免、抵、退"税年终清算、检查、出口非自产货物(包括委托加工和视同自产货物)、深加工结转的管理办法及小型出口企业标准等问题的规定另行下达。

(二)各地可根据《生产企业出口货物"免、抵、退"税管理操作规程》的基本规定结合本地区的实际情况予以执行。

附件:(略)

1.《生产企业出口货物免、抵、退税申报汇总表》

2.《生产企业出口货物免、抵、退税申报明细表》

3.《生产企业进料加工登记申报表》

4.《生产企业进料加工进口料件申报明细表》

5.《生产企业进料加工海关登记手册核销申请表》

6.《生产企业进料加工贸易免税证明》

7.《生产企业出口货物免、抵、退税审批通知单》

8.《生产企业出口货物免、抵、退税统计月报表》

# 《生产企业出口货物免、抵、退税申报汇总表》填表说明

1. 第1栏"当期免抵退出口货物销售额（美元）"为企业当期全部免抵退出口货物美元销售额，等于当期出口的单证齐全部分和单证不齐部分美元销售额之和，与《生产企业出口货物免、抵、退税申报明细表》第11栏中当期全部免抵退出口货物美元销售额合计数相等；

2. 第2栏"当期免抵退出口货物销售额"为企业当期全部免抵退出口货物人民币销售额，等于当期出口的单证不齐部分（第3栏）和单证齐全部分（第4栏）人民币销售额之和。为第1栏"当期免抵退出口货物销售额（美元）"与在税务机关备案的汇率折算的人民币销售额；

3. 第3栏"单证不齐销售额"为企业当期出口的单证不齐部分免抵退出口货物人民币销售额，应与《生产企业出口货物免、抵、退税申报明细表》第12栏中当期出口单证不齐部分的人民币销售额合计数相等；

4. 第4栏"单证齐全销售额"为企业当期出口的单证齐全部分且经过退税部门审核确认的免抵退出口货物人民币销售额，应与《生产企业出口货物免、抵、退税申报明细表》第12栏中当期出口单证齐全部分且经过退税部门审核确认的人民币销售额合计数相等；

5. 第5栏"前期出口货物当期收齐单证销售额"为企业前期出口当期收齐单证部分且经过退税部门审核确认的免抵退出口货物人民币销售额，应与《生产企业出口货物免、抵、退税申报明细表》第12栏中前期出口当期收齐单证部分且经过退税部门审核确认的人民币销售额合计数相等；

6. 第6栏"单证齐全出口货物销售额"为企业当期出口单证齐全部分及前期出口当期收齐单证部分且经过退税部门审核确认的免抵退人民币销售额，应与本表第4栏与第5栏的合计数相等。本栏包含修理修配、中标机电产品视同出口按免抵退税办法办理的人民币销售额；

7. 第7栏"不予免抵退出口货物销售额"为企业自报关出口之日起超过6个月未收齐有关出口退税凭证或未向主管税务机关办理"免、抵、退"税申报手续，应视同内销货物征税的免抵退出口货物人民币销售额。根据企业申报"免、抵、退"税情况及出口电子信息统计测算填报；

8. 第8栏"出口销售额乘征退税率之差"为企业当期全部免抵退出口货物人民币销售额与征退税率之差的乘积，应与《生产企业出口货物免、抵、退税申报明细表》第15栏中企业当期全部免抵退出口货物人民币销售额与征退税率之差乘积的合计数相等；

9. 第9栏"上期结转免抵退税不得免征和抵扣税额抵减额"应与上期《生产企业出口货物免、抵、退税申报汇总表》第12栏"结转下期免抵退税不得免征和抵扣税额抵减额"相等；

10. 第10栏"免抵退税不得免征和抵扣税额抵减额"应与当期开具的《生产企业进料加工免税证明》第12栏合计数相等；

11. 第 11 栏"免抵退税不得免征和抵扣税额"按"第 8 栏 –（第 9 栏 + 第 10 栏）"计算填报，当计算结果小于 0 时按 0 填报；

12. 第 12 栏"结转下期免抵退税不得免征和抵扣税额抵减额"当"第 9 栏 + 第 10 栏 > 第 8 栏"时本栏等于"第 9 栏 + 第 10 栏 – 第 8 栏"，否则按 0 填报；

13. 第 13 栏"出口销售额乘退税率"为当期出口单证齐全部分及前期出口当期收齐单证部分且经过退税部门审核确认的免抵退出口货物人民币销售额与退税率的乘积，应与《生产企业出口货物免、抵、退税申报明细表》第 16 栏中当期出口单证齐全部分及前期出口当期收齐单证部分且经过退税部门审核确认的免抵退出口货物人民币销售额乘退税率的合计数相等；

14. 第 14 栏"上期结转免抵退税额抵减额"为上期《生产企业出口货物免、抵、退税申报汇总表》第 17 栏"结转下期免抵退税额抵减额"；

15. 第 15 栏"免抵退税额抵减额"应与当期开具《生产企业进料加工免税证明》第 11 栏合计数相等；

16. 第 16 栏"免抵退税额"按"第 13 栏 –（第 14 栏 + 第 15 栏）"计算填报，当计算结果小于 0 时按 0 填报；

17. 第 17 栏"结转下期免抵退税额抵减额"当"第 14 栏 + 第 15 栏 – 第 13 栏"大于 0 时本栏等于"第 14 栏 + 第 15 栏 – 第 13 栏"，否则按 0 填报；

18. 第 18 栏"增值税纳税申报表期末留抵税额"应与《增值税纳税申报表》"期末留抵税额"相等；

19. 第 19 栏"计算退税的期末留抵税额"按（第 18 栏 –11c）计算填报；

20. 第 20 栏"当期应退税额"为按规定计算公式计算出且经过退税部门审批的应退税额；当第 16 栏 > 第 19 栏时，第 20 栏 = 第 19 栏，否则第 20 栏 =16 栏；累计数反映本年度年初到当期应退税额的累计；新发生出口业务的生产企业，12 个月内当期应退税额按 0 填报；

21. 第 21 栏"当期免抵税额"为第 16 栏"免抵退税额"与第 20 栏"当期应退税额"之差；累计数反映本年度年初到当期应免抵税额的累计；

22. 第（c）列"与增值税纳税申报表差额"为退税部门审核本表第（b）列"累计"申报数减《增值税纳税申报表》对应项目的累计数的差额，企业应做相应账务调整并在下期增值税纳税申报时对《增值税纳税申报表》进行调整。

## 《生产企业出口货物免、抵、退税申报明细表》填表说明

1. 生产企业应按当期出口并在财务上做销售后的所有出口明细填报本表，对单证不齐无法填报的项目暂不填写，在"单证不齐标志"栏内做相应标志，单证齐全后销号；对前期单证不齐，当期收集齐全的，可在当期免抵退税申报时填报本表一并申报，在"单证不齐标志"栏内填写原申报时的所属期和申报序号；

2. 中标销售的机电产品，应在备注栏内填注括号内填注 zb 标志。退税部门人工审单时应审核规定的特殊退税凭证；计算机审核时做特殊处理；

3. 对前期申报错误的，当期可进行调整。前期少报出口额或低报征、退税率的，可在当期补报；前期多报出口额或高报征、退税率的，当期可以红字（或负数）数据冲减；也可用红字（或负数）将前期错误数据全额冲减，再重新申报蓝字数据。对于按会计制度规定允许扣除的运费、保险费和佣金，与原预估入账值有差额的，也按此规则进行调整。本年度出口货物发生退运的，可在下期用红字（或负数）冲减出口销售收入进行调整（或年终清算时调整）；

4. 第 1 栏"序号"由 4 位流水号构成（如 0001、0002、…），序号要与申报退税的资料装订顺序保持一致；

5. 第 3 栏"出口报关单号码"为 12 位编码，按报关单右上角 9 位编码 +0 + 两位项号（01、02、…）填报；委托代理出口货物此栏可不填；

6. 第 4 栏"出口日期"为出口货物报关单上的出口日期；

7. 第 5 栏"代理证明号"按《代理出口货物证明》的编号 + 两位项号（01、02、…）填报；

8. 第 6 栏"核销单号"为收汇核销单（出口退税专用）上的号码，与出口货物报关单上已列明的收汇核销单号码相同；

9. 第 7 栏"出口商品代码"为出口货物报关单上列明的出口商品代码；

10. 第 8 栏"出口商品名称"为出口货物报关单上列明的出口商品名称；

11. 第 9 栏"计量单位"为出口货物报关单中的计量单位；

12. 第 10 栏"出口数量"为出口货物报关单上的出口商品数量；

13. 第 11 栏"出口销售额（美元）"为出口发票上列明的美元离岸价，若以其他价格条件成交的，应按规定扣除运保佣费；若为其他外币成交的折算成美元离岸价填列；若出口发票的离岸价与报关单等凭证的离岸价不一致时，应附有关情况说明；

14. 第 12 栏"出口销售额（人民币）"为美元离岸价与在税务机关备案的汇率折算的人民币离岸价；

15. 第 13 栏"征税税率"为出口商品法定征税税率；

16. 第 14 栏"退税税率"为出口商品代码库中对应的退税率；

17. 第 15 栏"出口销售额乘征退税率之差"按第 12 栏 ×（第 13 栏 – 第 14 栏）计算填报；

18. 第 16 栏"出口销售额乘退税率"按第 12 栏 × 第 14 栏计算填报；

19. 第 17 栏"海关进料加工手册号"若出口货物为进料加工贸易性质，则将对应的进料加工手册号码填入此栏，据此开具《生产企业进料加工贸易免税证明》；

20. 第 18 栏"单证不齐标志"缺少报关单的填列 b，缺少核销单的填列 h，缺少代理证明的填列 d，缺少两单以上的，同时填列两个以上对应字母。

## 《生产企业进料加工登记申报表》填表说明

1. 第 2 栏"海关进料加工手册号"为《进料加工登记手册》号码；

2. 第 3 栏"币别"为《进料加工手册》（或合同）进口总值和出口总值的币别；

3. 第4栏"计划进口总值"为《进料加工手册》(或合同)的进口总值;

4. 第5栏"计划出口总值"为《进料加工手册》为(或合同)的出口总值;

5. 第6栏"计划分配率"=第4栏÷第5栏×100%;

6. 第7栏"手册有效期"根据海关核定的进料加工手册的有效期填报。

## 《生产企业进料加工进口料件申报明细表》填表说明

1. 第2栏"海关进料加工手册号"为《进料加工登记手册》号码;

2. 第3栏"进口货物报关单号"为12位编码,按进口货物报关单右上角9位编码+1+两位项号(01、02、……)填报;

3. 第4栏"进口商品代码"为进口货物报关单上的进口商品代码;

4. 第5栏"进口商品名称"为进口货物报关单上的进口货物名称;

5. 第6栏"计量单位"为进口货物报关单上的计量单位;

6. 第7栏"数量"为进口报关单上注明的进口数量,当实际进口数量与报关单数量不符时,以实际数量为准(应附有关说明材料或证明);

7. 第11栏"海关核销免税进口料件组成计税价格"=第9栏"到岸价格(¥)"+第10栏"海关实征关税和消费税"。

# 参考文献

[1] 赵春明. 世界市场行情新编[M]. 北京：机械工业出版社，2013.

[2] 李嘉珊. 国际商务礼仪[M]. 北京：电子工业出版社，2011.

[3] 张宇，艾天姿. 国际商务礼仪英文教程[M]. 北京：北京大学出版社，2010.

[4] 廖国强，王朝晖. 国际商务礼仪[M]. 北京：对外经济贸易大学出版社，2015.

[5] 祖晓梅. 跨文化交际[M]. 北京：外语教学与研究出版社，2015.

[6] 斯诺. 跨文化交际技巧：如何跟西方人打交道[M]. 上海：上海外语教育出版社，2014.

[7] 胡文仲. 跨文化交际学概论[M]. 北京：外语教学与研究出版社，1999.

[8] 达姆特. 新编剑桥商务英语[M]. 北京：经济科学出版社，2008.

[9] 塔利斯. 新视野商务英语[M]. 北京：外语教学与研究出版社，2013.

[10] 王涛生，吴建功. 新编国际贸易实务[M]. 北京：科学出版社，2014.

[11] 缪东玲. 国际贸易单证操作与解析[M]. 北京：电子工业出版社，2012.

[12] 李元旭，吴国新. 国际贸易单证实务[M]. 北京：清华大学出版社，2012.

[13] 余世明. 国际商务单证实务[M]. 北京：暨南大学出版社，2014.

[14] 贺政国. 报关实务[M]. 北京：中国财政经济出版社，2014.

[15] 吴百福，徐小薇. 进出口贸易实务教程[M]. 上海：上海人民出版社，2011.

[16] 黎孝先. 国际贸易实务[M]. 北京：对外经济贸易大学出版社，2011.